U1008162

BEHAVIOURAL ADDICTION

行为上瘾

拿得起，放得下的心理学秘密

何圣君　著

中国华侨出版社
北京

图书在版编目（CIP）数据

行为上瘾：拿得起，放得下的心理学秘密 / 何圣君
著 .—北京：中国华侨出版社，2019.11
ISBN 978-7-5113-8066-1

Ⅰ . ①行… Ⅱ . ①何… Ⅲ . ①移动电话机—病态心理
学—防治 Ⅳ . ① C913 ② B846

中国版本图书馆 CIP 数据核字（2019）第 227569 号

行为上瘾：拿得起，放得下的心理学秘密

著　　者：何圣君
责任编辑：刘雪涛
装帧设计：Dharma Studio dharmathink@gmail.com
文字编辑：张　丽
经　　销：新华书店
开　　本：880mm × 1230　1/32　印张：9　字数：220 千字
印　　刷：朗翔印刷（天津）有限公司
版　　次：2019 年 11 月第 1 版
印　　次：2021 年 2 月第 3 次印刷
书　　号：ISBN 978-7-5113-8066-1
定　　价：49.80 元

中国华侨出版社　北京市朝阳区西坝河东里 77 号楼底商 5 号　邮编：100028
法律顾问：陈鹰律师事务所
发 行 部：（010）57484249　　　传真：（010）57484249
网　　址：www.oveaschin.com
E-mail：oveaschin@sina.com

如果发现印装质量问题，影响阅读，请与印刷厂联系调换。

前言

PREFACE

如果你拥有了这本书，我想你至少是一个希望自己不断变得更好的人。或许正是这个原因，使得冥冥中有一股力量，推动你翻开本书，让我们对话。

在开始阅读本书之前，我需要你想象一下：

现在，你的面前有一个按钮，按下这个按钮，手机短信就会推送一条消息，告诉你，你的银行账户入账100元，你一查账，果真多了100元；再按一下，你的账户又入账100元。

如果四下无人，你会不会去按第三下、第四下，甚至更多下？

是的，我们每个人都是一模一样的，按下按钮后的100元入账，会奖励你的大脑，让你产生愉悦感，而这种愉悦感则会反过来激励你，让你不停地按，不停地按。

这就是行为上瘾。

我们每天都在刷短视频、玩游戏、看朋友圈，这些行为看起来是我们的主动行为。而事实上，在我们这个时代，有越来越多“优秀”的产品经理，他们对你设下一个又一个的局，把你的注意力和时间消耗在这里。

而要想破局，必先识局。

因此，这是一本帮助你“识局”的书，它将让你了解产品经理们的套路，并使你在看清楚这些套路之后，可以绕开甚至利用这些迷局，成为一个真正能掌控自己注意力、掌控自己时间，直到掌控自己人生的人。

这本书将会带给你什么呢?

我把全书内容分成三个模块：

第一模块：我将向你系统地介绍什么是行为上瘾，其中特意安排了一些有趣的案例，让你学习起来更轻松；

第二模块：所有的上瘾行为中都隐藏着六种原理，产品经理们就是充分利用这六种核心原理来紧紧抓住你的。清晰地理解他们，就仿佛得到了这个时代的“九阴真经”，你对他们的一招一式越了然于胸，你对这些诱惑因素的免疫能力就越强，甚至在看到这些熟悉的“套路”之后，你还能够对此免疫，会心一笑，优雅绕开；

第三模块：当你掌握了这些原理，是时候让我们把行为上瘾反过来使用了。我会和你详细说说怎么把它们运用在我们的学习场景、工作场景和育儿场景中。

通过阅读这本书，你会一下子发现你的整个人生居然可以多出那么多时间，而这些时间将是你超越身边大多数人的资本。

上面的这三个模块所讲的，是现在的我，最想告诉“20岁、30岁那个我”的几件事。

20岁时，我虽然有阅读的爱好，但更多的时间交给了桌面电脑里的网络游戏，所以直到工作5年后，依旧只是一个非常普通，在老板面前完全不起眼的小男生；

30岁时，虽然陆陆续续写出了8万字的手稿，但明明想要花时间在修改完善手稿上，却依旧忍不住被一部又一部的美剧、网络小说吸引，结果那本手稿最后无疾而终。

而今天，我因为偶然间获悉了行为上瘾的规律而完全变成了另外一个人。

不管周末还是节假日，我每天5点准时起床，5点到6点就是我无人打扰，阅读和写作的时间。在过去的3年里，我通过不断地输入输出，以平均每年出版一本书的速度，成为了我20岁、30岁时无法想象的模样（你正在看的这本读物，就是我的第三本书）。

我相信，你也一定会在这本书中，看到自己的影子，看到自己的蜕变，看到自己通过时间的积淀真正变得更好。

阅读《行为上瘾》的过程，其实就是帮助你摆脱“魔咒”，重获自由的过程。

让我们一起开始这趟旅程吧，你终将成为那个“拿得起，放得下”的自己！

最后，请允许我借此机会感激对我帮助极大的各位同仁与为本书倾注心血的编辑们。

也将此书献给我今年9周岁的儿子何昊伦，希望这本书能陪伴你，让你充分学会掌控自己，成为一个优秀的人。

2019年10月20日 清晨5:57

何圣君

目录

CONTENTS

Part 2

行为上瘾原理之一：

行为触发，你的“首次注意力”是如何被预定的

Part 3

行为上瘾原理之二：

轻松“入坑”，这些心理机制在悄悄助推

Part 4

行为上瘾原理之三：

即时反馈，让你停不下来的魔力

Part 5

行为上瘾原理之四：

挑战升级，上瘾式策略让你欲罢不能

Part 6

行为上瘾原理之五：

未完成感让人心痒难耐

Part 7

行为上瘾原理之六：

社交元素，让人难以自拔的网络迷宫

什么是行为上瘾

从本章开始，我会以一种全新的视角，带你突破以往对于上瘾的认知，让你用最快的速度，重新理解上瘾到底是怎么一回事儿。

Part 1

突破认知：

你对行为上瘾的认知，决定了你能否过好这一生

1.1 真相：是什么让你拿得起却放不下

为什么明知道有重要的事情要做，却仍旧不舍得放下手机?

什么是快感中枢?

什么又是行为上瘾?

01<<

你有没有过这样的经历：

明明计划待会儿要看一会儿书，但刚吃完饭有一点乏，想着刷一会儿短视频放松一下，这一刷就是半小时，再一刷，一晚上就这样过去了。

想在网上搜索一个材料，却突然被推荐的新闻标题吸引，点进去看完一篇，刚准备关掉页面，又被底部推荐的另外一个标题吸引……

偶然看到朋友圈里，有人晒了一张游戏截图，想想自己也来一局吧，结果一局又一局，每次结束时，总想着这局一定是最后一局。

为什么会这样？为什么自己的行为仿佛不受控制？

不知从何时起，“行为上瘾”这个话题就越来越受到关注，不仅是青少年，就连很多“职场老鸟”都未能幸免。

我们惊愕地发现，自己的身体和意志好像发生了诡异的分离，即使理性上明明知道自己应该怎么做才是对的，虽然也不停地产生负罪感，但内心的“小恶魔”几乎每次都能战胜“小天使”，让我们继续做“错”的事，沉迷，沉醉，以至于停不下来……

别惊慌，这不是你一个人的感觉。数据显示，2017年年底，某新闻阅读APP上约1.2亿用户的平均每日阅读时长为74分钟，累计起来的时间长达16894年，相当于每天都有一个原始人从史前看新闻一直看到现在。

同属“眼球经济”的某短视频APP，用户数量和社会影响力更是惊人，目前每日活跃数量甚至超过1.5亿，平台上用户日均使用时长更是高达76分钟，难怪有网友会戏谑地称：“‘某音’5分钟，人间三小时。”

是的，移动互联时代给我们带来了史无前例的便利，让我们在碎片时间里都能随时联机，随时娱乐。但同时，这种方便也给我们带来了各种各样的行为上瘾，面对行为上瘾，我们到底该怎么控制自己呢？

美国心理作家麦格尼格尔说：**要成功做到自控，你必须知道自己为何失败。**

同样地，为了弄清楚我们为什么会如此沉溺于“刷屏”，我们首先需要理解，到底是什么机制导致了我们每天沉溺于“刷屏”，任时间在指尖流逝。

02<<

为了理解你和你的大脑到底是谁在控制谁，让我们一起来看看当年轰动一时的奥尔兹电击老鼠实验。

最初，奥尔兹（美国著名生理学家）的用意是研究脑部电刺激对学习的影响，他想要观察老鼠被刺激后是否会引发任何厌恶的感觉，阻挠学习的进行，但正如苏东坡误打误撞发明东坡肉，弗莱明意外发现了青霉素一样，奥尔兹也正因这次机缘巧合，成就了他此生中的最大成就——发现了生物的“快感中枢”。

1954年，奥尔兹在老鼠的脑袋上埋入电极，每当老鼠无意间按压实验装置中的小推板时，老鼠的大脑就会遭受电击，然后绝大多数的老鼠会不约而同地退到远离小推板的位置，这表明它们很厌恶甚至害怕。这个反应很符合奥尔兹的预期，他对此非常满意。

但让人惊讶的是，34号老鼠居然不吃这一套，它非但在箱子里活蹦乱跳，还示威似的疯狂按压小推板，任电流在它小小的脑袋中横冲直撞，仿佛在说：“看吧！我不怕！”

这让奥尔兹感到非常奇怪，但研究还是要继续，奥尔兹和他的伙伴米尔纳商量后决定加大观察力度，紧盯34号老鼠的一举一动。

结果令人非常吃惊。

其他老鼠每小时才按压几次推板，而34号老鼠则每五秒就去按压一次，仿佛是着了魔一般。经计算，它在12小时内按压小推板多达6000～7000次，甚至就算实验人员端来小托盘、食物和水，它也不理不睬，执拗地保持着按压小推板的动作，直至精疲力竭，最终死去。

03<<

是这小家伙的大脑有什么特异吗？

正当米尔纳准备换35号老鼠上阵重复试验时，奥尔兹提出了一个令人醍醐灌顶的假设：34号老鼠哪是什么示威？它分明是在享受电击的刺激啊！

从34号老鼠的大脑里取出的电极证明了奥尔兹假设成立的可能性很大。这多亏了植入过程中的一个小失误。原来，他们把电极安在了错误的位置上，探针弯了，本来计划对准老鼠的中脑部分，现在却碰触到了它大脑中的另一个区域。

实验经验丰富的奥尔兹立刻开始着手用电极去刺激35号老鼠的这个区域。结果，同样的上瘾行为果然再次出现，35号老鼠也立刻成为了按压推板的“疯狂老鼠”，同样拒绝实验人员提供的小托盘、食物和水，最终力竭而亡。

奥尔兹和米尔纳将他们的发现称为大脑的“快感中心”。而后来的神经科学家发现，当年奥尔兹和米尔纳发现的并不是快感中心，而是一种“奖励”系统——他们刺激的区域是大脑最原始动力系统的一部分。

这个系统逐步进化，驱使我们采取行动、消耗体能。小白鼠之所以不停地按压推板，宁可遭到电击，甚至不吃不喝而去刺激自己，是因为每当大脑中的这个区域受到刺激，大脑便会告诉它们：“再来一次！这次准会让你感觉良好！”而每次刺激都会让小白鼠想寻求更多的刺激，但刺激本身却并不会带来满足感。

奥尔兹获得美国精神医学学会霍夫海默奖之后，1960年，另一位精神学家罗伯特·希斯借鉴了奥尔兹的方法，他尝试使用一种方法来治疗抑郁症患者——在他们的脑部植入电极。

虽然在实验过程中，几乎所有的病人都声称感觉棒极了，甚至也会像34号小老鼠一样，每隔一段时间就会去按压电极的开关，让自己保持兴奋。但让人遗憾的是，一旦松开开关，伴随着愉悦感的消逝，这种刺激“快感中枢”的方式并未给抑郁症患者带来长效的疗愈，甚至不少患者变得更抑郁了。他们会想方设法恳求希斯医生给自己重新植入电极，以让他们保持这种快乐的感觉。

不过，希斯医生的失败实验却恰恰证明了人类同样存在“快感中枢”，而且人类也和老鼠一样，总是有足够的动机去刺激“快感中枢”。

04<<

说了那么多关于奥尔兹和希斯医生的实验，其实就是想告诉你，每天你在刷的短视频、新闻、游戏，和这根插在34号老鼠脑中的电极是一样的——它们都一次次地在刺激你的“快感中枢”——只不过是用了另一种方式，但它们的效果都是一样的，让你的大脑觉得很“爽”，“爽”到不舍得停下来。

就算在你从上一篇到下一篇，从上一局到下一局的间隙中，理性好不容易发出一点声音，但往往会被掩埋在巨大的快感中。直到时间已经过去很久，你终于从“梦”中醒来，才发现还有一堆重要的事情等你去做。

没错，这正是典型的行为上瘾(Addictive Behaviors)的症状，这种症状会让你形成这种额外的、超乎寻常的嗜好和习惯，换句话说就是——“做了还想做。”

好了，当你现在理解了行为上瘾后自控为什么会失败，你就已经在一定程度上产生了警醒，就像知道前面有陷阱，我们总会小心翼翼；掉进去一次，我们就有很大的机会避免掉进去第二次。

从下面的章节开始，我们将进行一次思维领域的发现之旅，希望这次旅行能够帮助你对行为上瘾有更多的认知和理解。

这些认知包括：行为上瘾有哪些；为什么设计师可以设计出这么多让你产生行为上瘾的产品；行为上瘾和以前传统意义上的生物性上瘾有什么不一样？

接着，会为你介绍行为上瘾的六大原理，对原理的洞悉能帮助你产生行为上瘾的抗性，就仿佛遇到危险时，Windows系统会在你眼前跳出一个弹窗，然后问你是选择在行为上瘾还没有被触发时陷进去，还是完美地绕开。

理解了这六大原理，你将能够在遇到类似的情况时提高警惕。

本书的第三部分将会教给你一些摆脱行为上瘾的技巧，这些技巧不仅仅会教你如何摆脱行为上瘾，而且更能帮你培养很多良好习惯，甚至还会教你如何使用行为上瘾的机制进行科学减脂，把枯燥的工作变成游戏，等等。

这些生活智慧可以让你在上瘾怪圈里由被动变为主动，理性地、充分地掌控自己。

现在，这趟思维旅行的列车马上就要发车了，准备好了吗，让我们开始吧！

1.2 认知：你可能不知道，这些行为都是上瘾

商界“大佬”和普通人，谁的赌瘾更大？

到底是我们在玩游戏，还是游戏在玩我们？

为什么会有人把手机绑在狗的身上？

01<<

这一节的主题是：行为上瘾有哪些？

大家一定知道毒瘾，因为我们都学过近代史，都知道鸦片战争的主角——鸦片。

关于鸦片，人人都知道它是一种毒品，不但危害世人，而且让当时的道光皇帝沉迷其中，甚至还在闲暇时赋诗一首，表达吸食鸦片后带来的耳聪目明、神清气爽的体验。

毒品之所以会让人觉得神清气爽，是因为人脑会分泌一种叫作内啡肽的物质，这种物质会带给人快感。

当毒品进入人的身体后，内啡肽会被疯狂复制，这种复制将人的快感推至高潮。但这种快感是以大量消耗体内氧元素、破坏正常

供氧机制为代价的，所以一旦停止吸食毒品，体内血液就会处于凝滞状态，让人感受到临近死亡的体验，继而逼迫人再次吸食毒品，循环往复，就形成了所谓的毒瘾。

行为上瘾虽然不会像毒瘾那样让人产生死亡般的体验，但它和毒品一样，都会产生让人难以抵御的瘾头，这种瘾头会促使人一而再，再而三地去做某件事情，其危害性甚至不亚于毒品，比如——赌瘾。

02<<

赌瘾自古以来造成了很多妻离子散、家破人亡的悲剧。在今天，就算事业上再成功的人，依旧会毁于赌瘾。

知名企业雷士照明的创始人吴长江因为赌博输掉了一切。吴长江曾经用11年的时间把雷士照明做到了中国第一，然而，就是因为赌瘾，这位昔日的成功人士身上背负了4亿赌债，每月需要偿还的利息高达上千万元。终于，2016年12月，吴长江因挪用资金和职务侵占罪，被判处有期徒刑14年。

赌博上瘾以致家破人亡这种事发生在小人物身上还好理解，因为一般人可能会觉得他们往往没有受过良好的教育，不懂概率学、统计学，不知道赌场设计赌博游戏的规则，所以他们总是输。但发生在像吴长江这样的人身上，说明赌瘾真的害人。

吴长江并非等闲之辈，他是照明行业第一个推行专卖店模式的人，与两位合伙人决裂后，因为其人格魅力受到全体供应商力挺而巍然不倒，带领雷士照明实现了中国照明企业的国际化。

你可能会说，吴长江是传统企业的昔日明星，而传统企业的公关策略向来会与赌博稍稍沾些边，所以不足为信。互联网公司才代表企业界的未来，其中的领军人物以70后、80后居多，应该不会有类似陋习吧。

如果你这么想，那可就大错特错了，赌瘾和行业无关，更和年龄无关。原“人人网”负责人，16岁就考入清华大学的80后天才少年许朝军，同样因涉嫌赌博罪于2017年7月被捕，被网络戏称为“一个前半生就把运气用完了的人”。

03<<

除了赌瘾，还有游戏之瘾。

以前玩游戏必须使用电脑，在当年的PC时代，最成功的网络联机游戏估计非《魔兽世界》莫属。自从它2005年进入中国市场后，这款游戏就以全新的游戏方式——第一人称，独特的设计以及副本系统“圈粉”无数。

为了和朋友们一起下副本（一种独立于基础游戏任务的地下城关卡），很多人可以坐在一张椅子上完成一日三餐。为了在战场上刷取“荣誉积分”，换取“史诗装备”和“坐骑”，玩家会和游戏公会将来自各城市的成员组成多人小队，有组织、有计划地实施作战方案。

网吧里通宵达旦的人也不在少数，甚至还有高校学生因为沉迷于这款游戏而放弃考试。有人就在网上发问：**到底是我们在玩游戏，还是游戏在玩我们？**

2011年后，中国进入移动互联时代，网民也普遍开始迁移，游戏也从PC端转移到了手机移动端。在地铁上因为沉浸于《王者荣耀》而坐过站只是小菜一碟；有些人甚至在马路上一边行走一边玩手机，因不看路而危及公共安全；更不用说那些因为玩手游而一脚踏空，失足坠入电梯井丢掉性命的人。

游戏上瘾让一代人沉溺其中，逼得很多中国父母将有网瘾的孩子送到违背人道的“网戒中心”接受电击治疗。

04<<

你以为逃过了游戏之瘾，就逃得过社交媒体上瘾吗？

人们最初使用微信，是因为比起运营商的短信，它可以免费把信息传递给对方。但向来信奉“小步试错，快速迭代”的腾讯，显然不仅仅满足于此。在“朋友圈”“微信红包”“微信运动”等功能陆续上线后，人们已经习惯了时不时打开微信看上两眼，这实际上已经成为一种强迫行为模式。

人们热衷于朋友圈点赞和评论其实是有一定道理的，因为这会促使大脑分泌内啡肽。许多人可能刚发了一条微信朋友圈，不一会儿就要频繁打开看看，到底有多少人给自己点了赞并留了评论。

“微信红包”也是一个能把人的注意力留在微信群里的“大杀器”，现在很多人每逢佳节不是倍思亲，而是紧盯着群里的红包，生怕错过“一个亿”。

“微信运动”更是激发了人的攀比心。为了让自己每天的微信步数能排上靠前的位置，有人会刻意增加散步时间，还有人把手机绑在狗的身上，让宠物替自己走路增步，更有人甚至会删掉当天步数比自己多的好友，第二天再加回来。

有学者指出，社交媒体上瘾已经让我们成为“异化的人”。

我们还需要注意的是，行为上瘾在这个多元化的时代也有一定的个性化趋势，除了赌瘾、游戏上瘾、社交媒体上瘾外，还有视频上瘾、信息上瘾等。有些人热衷看某一类的新闻，一看就是一上午；有人刷“15秒短视频”刷得停不下来；有人沉迷网络小说与社会隔绝……

为什么现在我们好像做什么都会上瘾？

这是因为当你沉浸在上瘾的快乐时，这个世界有更多能让你上瘾的产品被设计出来，它们正躲在暗处，准备慢慢地“俘虏”你。

1.3 趋势："上瘾式设计"，正在夺走你的时间和精力

为什么说未来商业竞争是时间的战场？

什么是七次法则？

为什么有些产品设计会让用户心甘情愿花时间看广告？

01<<

资深媒体人、《罗辑思维》节目创始人罗振宇在他一年一度的跨年演讲中曾经有一个断言：**未来商业的战场是抢占用户时间的战场**。因为随着互联网流量红利时代的结束，市场的节奏已经从原来的"增量市场"转变为需要去主动挖掘存量用户价值的"存量市场"。

与此同时，由于每个人每天的时间都是恒定不变的，那么所有中国人加起来的时间总和就变成了一个非常有意思的概念——国民总时间GDT（这个概念相较于国内生产总值GDP而言）。

而各种商业组织为了获得存量市场中的用户价值，就不得不在

时间的战场上想方设法从国民总时间GDT里抢夺属于自己的份额，然后从战术上设计打法去争夺用户的时间，牢牢地把用户的注意力和时间消耗在自己设计好的内容中，最终再通过各种办法将其转变成企业想要的经济价值。

听起来似乎绕了一个大弯儿，而且还有一点儿玄。那么，商业组织到底是怎样把用户的时间变成金钱的呢？

实现的方式有很多，最简单的是广告。在电视时代，每天晚上8点的连续剧叫作“黄金档”，因为这个时间段通常人们刚刚吃完饭、收拾好，坐下来休息。此时，如果有一部吸引人的电视剧，收看的人就会特别多，而这个时候如果能插播一段广告，无论对品牌方的传播还是转化，都会产生巨大的作用。

看过那么多广告，却从来没有思考过广告背后的商业逻辑。没关系，下面和你简单讲讲广告变现的原理。

02<<

广告之所以能起巨大的作用，是因为在营销界，存在一种非常有意思的心理现象——**“七次法则”。意思是说，一个用户要连续七次看到你的品牌或者你的产品信息，才能开始产生一定的信任，**这种信任将有利于你的企业展开后续商业活动，最终有效增加消费者发生购买行为的概率。

比如，你在超市准备买一瓶洗发水，货架上有诗慧、可可、飘柔、震明4种，你会下意识地选择哪个品牌？相信绝大多数消费者会选择最熟悉的那一款放进购物车里。

又比方说，全家便利店（Family Mart），虽然说它现在在国内非常知名，但实际上，它在刚进入中国市场时，也曾面临过一个抉择：是在全国范围内遍地开花还是先集中力量打下某个区域市场？

最后，全家便利店选择了在一定区域密集开店的打法，因为这样做的好处是消费者会在马路上相隔不远就能看到一家全家便利店——它们既是店铺，又是广告，消费者看多了之后自然就满足了“七次法则”的条件，再配上“全家就是你家”的口号，一下子拉进了品牌与用户之间的亲近感，人们在有需要的时候，自然就会选择去全家便利店消费。

所以，广告的强作用是一个不争的事实。让用户产生行为上瘾，进而把时间消耗在产品上，然后在适当的时候插播一条广告，这是当下广告界最流行的方式之一。

03<<

另外，我们还需要知道这些“讨厌的”产品经理具体是如何设计营销模式，从而一步步实现用户与他们的产品产生黏性，让用户心甘情愿地花时间看广告的。

如果你现在打开新出的游戏类APP（安装在智能手机上的软件），就会发现它们普遍都有这样的一个特点：游戏里会存在两种货币体系，如一种是钻石，另一种是金币。钻石可以换金币，但金币不能换钻石。在游戏的体验中，如果你想让自己的角色升级更快、装备更厉害，那么，拥有稀有货币——钻石——自然是必不可少的。

但钻石是有限的，每天完成所有任务也只能拿少许钻石，那怎么办？产品经理设计了这么一个功能，叫作“看广告，得钻石”。用户每看一个广告可以获得20个钻石，而且每个广告的时间也不长，最短15秒，最长30秒。

广告下方还有进度条，可以给用户一个广告时间心理预期，最大程度防止用户点开广告后去做其他事儿。

而且，更厉害的是，这些产品经理个个都是心理学高手，深知“稀缺性”对用户的致命诱惑，所以每天让你“看广告，得钻石”的机会并不多，仅仅5次机会，看完后就算你再想看也没了！这让你乖乖看完5个广告，拿到100个系统奖励的钻石后，带着意犹未尽的感觉期待明天的广告。

这个环节的设置让游戏开发者光靠广告费就能赚得盆满钵满，更不用说很多游戏还有其他赚钱的渠道，如“皮肤”等。

04<<

是的，你没看错，皮肤也能赚钱！而且赚得特别多！

游戏皮肤是很多对战类游戏中改变游戏角色外形的一种道具，

由于皮肤的购买并未使角色的游戏属性发生太大的变化，因此，也没有破坏普通玩家和“氪金”玩家（也就是花很多人民币来玩这款游戏的玩家）之间的平衡，因而从来没有出现过游戏开发者因为“卖皮肤”而遭受游戏玩家抵制的新闻。

各种限量款、限时折扣的皮肤，往往通过数量稀缺和时间稀缺这两种营销心理手法，定向呈现在喜爱这款游戏角色的玩家眼前。“一顿外卖的钱，就能终身拥有这款让人羡慕的皮肤”，这在很大程度上满足了人的求异心理和收集癖好，让广大玩家见之心动。

如果你从来没有玩过类似的游戏，你可能猜不到，某手游中的一款以三国英雄赵云为游戏角色的爆款皮肤，一天居然可以达上亿元人民币的收入，实在是羡煞其他品类APP。

2017年第一季度，这款手游的数据显示，整个季度的收入超过30亿元。这已经直逼微博2016年整年的净收入了，而其中占收入最大比例的正是皮肤！

难怪2017年10月就有人称，该游戏部门的员工年终奖可以拿到100个月的工资。

05<<

除了广告和皮肤收入之外，还有一种非常简单粗暴的方式——根据玩家游戏的时间收费。比如，著名的《魔兽世界》，这款游戏最初就是通过出售充值游戏时间点卡作为主要收入来源，2005

年—2018年这13年间，这款风靡全球的游戏收入已经超过了92亿美元。

实际上，不仅游戏，各大视频平台也不断出品吸睛的电视剧，引进欧美大片的版权，吸引你充值成为VIP（贵宾）会员。近年来，迅速崛起的知识付费行业公司也邀请行业大咖授课，从而吸引用户的碎片时间，让你收听更多音频前的15秒贴片广告，或者购买付费课程。

正因为商业变现的手段如此之多，变现时的转化率又如此令人“垂涎”，因此，如何进一步地把人们的注意力留存在产品中，让用户把时间交付在产品上，是商业变现的重要前提！

从时代的现状来看，由于人对物质的需求总是存在一定的上限，随着中国人的可支配收入越来越高，在经济下一个增长点中，人们必然更偏重精神层面的追求。

所以，经过精雕细琢的服务产品，必须不断加入能让人产生行为上瘾的机制，在时间的战场上获得更多的用户，才能牢牢地把用户的注意力和时间黏在自己的产品上，实现广告收益或付费转化——这也恰恰暗合了资本逐利和商业变现的核心需求。

可以说，时间的战场就是我们这个时代的趋势，也是商业走到今天的必然。

1.4 药瘾：连弗洛伊德也没逃过的诱惑

为什么明明知道吸毒有害，还是有人去吸毒？

为什么第一次看到一个人觉得对方长得丑，但看多了就觉得好像也还可以？

弗洛伊德为什么要给他的好友使用可卡因？

01<<

这一节我们来讨论人类生理层面的药物上瘾。

所谓**药物上瘾（Addiction），就是指人们在习惯摄入某一种药物之后，会形成一种依赖的状态，在中断用药后，会引起特别的戒断症状，形成一种不用药就不舒服，甚至极度痛苦的状态。**

常见的能引起上瘾的药物有：安眠药安眠酮，镇痛药吗啡、杜冷丁，精神兴奋药苯丙胺，等等。虽然知道这些药物使用后容易造成上瘾，但两害相较取其轻，为了治疗或缓解痛苦的症状，医生一般会有控制地让病人去用它们。

最典型的是癌症晚期病人。由于癌细胞的扩散，病人会产生剧烈的疼痛感，从人道主义的角度出发，为了降低这些病人在离世前的痛苦，医生会适量开一些吗啡或杜冷丁给病人。不过这些药物总会存在一定的流入社会的概率，人用多了就会上瘾，这就形成了我们经常会从媒体上看到或听到的毒品。

毒品是一切上瘾药物的广义概念，既包含上面所说的吗啡、杜冷丁，又包含我们时常在警匪片里面听到的海洛因、冰毒、摇头丸、K粉（氯胺酮）等。毒品不仅会让人上瘾，花费大量金钱，危害家庭，而且还容易使人因为注射器污染而感染肝炎、艾滋病等恶性疾病。

明明知道毒品的危害，可为什么还是有那么多人去吸毒，最终导致药物上瘾呢?

02<<

国内外学者的研究表明，好奇心是引起瘾君子们体验毒品的首要原因，其在吸毒原因里所占的比例甚至超过65%。尤其是社会阅历相对较少的青少年，他们往往为了所谓的“新鲜刺激”而冒着较大风险去尝试。

为了体验从来没有体验过的传说中的“快感”，不少青少年会在新鲜感和好奇心的双重驱使下尝试毒品。但所谓“好奇害死猫”，一旦毒品上瘾，等待他们的自然就是时常出现在科教片里的漫漫戒毒路。

受到欺骗误入歧途也是重要原因之一。现在有不少新型毒品，它们以很隐蔽的方式使人上瘾。比如，一种形态类似“跳跳糖”的毒品，遇到液体即可与之融合，而且它本身少色少味，常常会被放到果汁里，因此很难被发现。

具有悠久历史的阿拉伯茶就是一种新型毒品，它的学名叫恰特草。这种毒品在国内并不常见，但它的历史可以追溯到13世纪——埃塞俄比亚原住民发现这种嫩芽和叶子可以用来抵抗疲劳。

后来，越来越多咀嚼恰特草的上瘾者表示，这些叶子会让人产生思维清晰、视觉明亮、听力觉醒的错觉，认为这个世界上似乎没有什么事是自己做不到的。而一旦药力褪去，人就会感到莫名沮丧，什么也不想做，只想赶紧再来一次。所以，如果有人让你嚼一些绿色植物，你可就得小心了。

还有一种情况是被周围的人影响。对不吸毒的人来说，一开始他们看到有同伴吸毒还是很排斥的，但随着时间的推移，看到朋友吸毒的次数越来越多，会由于纯粹接触效应（Mere Exposure Effect）而习以为常，甚至开始亲自尝试。

什么是**纯粹接触效应呢？这是一种人类固有的心理现象，这种现象具体表现为随着接触次数越来越多，人就会越发喜欢它**。比如，你第一次看到一个长相丑陋的人可能觉得很厌恶，但和他待的时间长了，就渐渐觉得对方也不是那么难看了。

我们再来说说能引起药物上瘾的毒品。毒品作为违禁品被广为关注，是最近150年的事儿。而最初的始作俑者，是一位具有奉献精神的欧洲贵族。

03<<

罗伯特·克里斯蒂森爵士，称得上19世纪英国的“黄药师”，在研究毒物时很有“拼命三郎”的精神。由于很少有志愿者愿意拿自己的身体来测试有毒物质对人体的影响，于是他不得不拿自己做实验，经常亲自服用这些毒物，然后在还没失去意识之前赶紧记录下实验数据。

有一次，他照常咀嚼完几片有毒植物绿叶，打算记录下体验。突然间，他感觉嘴唇微微发麻，身体内部的“小宇宙”也猛然爆发，这种源源不断的力量感让他产生一种“世界那么大，我想去看看”的冲动。

心动不如行动，罗伯特立刻走出家门，以每秒74厘米的速度，连续行走长达9小时不停歇。回来后，他把自己整整一天不累不渴不饿的奇妙感受统统写进了自己的试验日志中。罗伯特当天咀嚼的神奇小绿叶古柯叶，正是后世臭名昭著的毒品——可卡因。

04<<

9年之后，时年28岁的弗洛伊德当时也正在用可卡因做实验，当他读到老罗伯特以亲身经历完成的报告后，我们可以想象，这位奥地利小伙子的脸上一定会弯出一道好看的弧线（虽然被他的大胡子挡住了）。因为，弗洛伊德觉得自己也是可卡因的受益者。

为什么这样说呢？因为在弗洛伊德给女朋友玛莎·贝尔奈斯写的信中，他这样说，定期服用小剂量的可卡因不仅能治疗他的消化不良，还能缓解忧郁症，感觉奇妙极了！

随后，弗洛伊德还把可卡因推荐给他的好朋友弗莱施尔·马克索夫。

这位“小马”同学也是一朵奇葩，他右手长了神经瘤，疼痛难忍，但却胸怀大志，开发出了一种依靠研究数学难题来转移注意力的疗法。由于当时信息闭塞，“小马”同学把自己能找到的数学题都解完了。于是，他不得不去研究物理，物理学完后，又开始自学梵文。

当家里已经没有素材支持他继续学习以摆脱疼痛之苦时，“小马”同学又把注意力转向了吗啡。

当时，人人知道吗啡容易上瘾，非常不容易戒掉。于是，不忍看见好友受煎熬的弗洛伊德就给他服用了一点可卡因。令人欣喜的是，可卡因果然如弗洛伊德预测的一样，是克服吗啡药瘾的“利器”，最直接的表现就是“小马”对吗啡的需求量出现了“断崖式下降”。

然而，好景不长，吗啡上瘾的问题的确解决了，可随之而来的是可卡因上瘾。“小马”需要的可卡因剂量越来越大，到后期甚至开始出现幻觉。他觉得有好多小虫子在他的皮肤里爬，他想要把它们统统抠出来。彼时，离“小马”痛苦地离世只有几年光阴。

显然，可卡因的试验失败了。

1896年，从初次接触到最终放弃，一代心理学大师弗洛伊德历时12年终于得出了可卡因弊大于利的结论。晚年的弗洛伊德为此懊悔不已，曾几次试图修改个人档案，删除这段让自己汗颜的个人“黑历史”。

05<<

现在，当我们以批判的眼光回头审视这个药物上瘾的名人轶事时，我们似乎带着一种居高临下的智力优越感，认为年轻的弗洛伊德少不更事，怎么会那么天真，居然以为毒品是好东西，可以帮助人类治愈疾病。更不能理解他为什么还写文鼓吹，甚至把可卡因这种毒品推荐给好友，造成了好友的悲剧。

但我们可能并没有意识到，我们现在所有的这些经验的积累，都是站在前人的肩膀上，用前人得出的结论反过来去评判他们的错与对。

然而今天，我们也和当年的弗洛伊德一样，遇到了一个类似的困境，只不过我们的上瘾触发机制已经从药物上瘾演变成了无处不在的行为上瘾。更可怕的是，越来越多的人开始陷入这种全新的上瘾方式，却浑然不知。

1.5 行为上瘾：比药瘾更可怕的是心瘾

什么是构成行为上瘾的奖励系统？

为什么意志力无法抵御行为上瘾？

我们到底应该怎么做才能摆脱行为上瘾？

01<<

说到“行为上瘾”这四个字，估计你对开篇的那只34号小老鼠一定记忆犹新：每5秒按一次小推板，对托盘、食物和水都不理不睬，自我克制力极强。

你有看到过每15秒用大拇指上滑一次屏幕，不时对着手机傻笑的人吗？如果你玩过某个小视频APP，你的初次体验很可能就是这样：打开之后就舍不得关闭。时间一晃，就过去两小时，你还在和这款APP“死磕”。虽然时间已经很晚了，明明知道第二天早上还有重要的事情，但你就是控制不住自己，一个接一个去刷小屏幕里的视频，舍不得关掉它去睡觉。

使用小视频软件上瘾的人不止你我。2018年年初的一份用户研究报告显示，某音小视频22%的用户的日均使用时长已经超过1小时，每10000个某音月活跃用户中就有4500人每天都会玩，这个用户黏性几乎已经与那些沉浸度极高的网络游戏旗鼓相当了。

为什么小视频APP可以有如此大的魔力，让我们如此不忍放下，看了还想看呢?

这就要从行为上瘾的机制说起。

02<<

和药瘾不同，行为上瘾不会产生撤除后引起生理痛苦的戒断症状。但任何一款能使人产生行为上瘾的产品的系统，都充分利用了人类大脑的特点，设计了一套让人欲罢不能的奖励系统。

这套奖励系统的原理其实很简单，可以分成两个部分：多巴胺奖励与躲避脱敏反应。

听起来有些复杂，对不对?

举个例子，当我们首次打开APP后，通常系统会推荐给我们全网点赞率最高的那段视频，而由于绝大部分的人对有趣、好玩、快乐的感知基本大同小异，因此，这段新用户初次体验的15秒小视频会有极大的概率对我们大脑中的伏隔核（Nucleus Accumbens）——也就是大脑的快乐中枢产生作用，继而促使大脑分泌大量多巴胺，给我们制造快乐奖励，这是第一阶段。

第二阶段，如果我们看的视频类型大同小异，那么大脑就会具有适应某种刺激反应衰退的结果，产生的多巴胺也会相应变少，这就是所谓的脱敏反应（可以理解为你总是吃同样的东西，次数一多就吃厌了）。

但某音小视频和其他能让用户产生行为上瘾的产品不同，它厉害的地方就在于，每次上滑屏幕后，推送给我们的是一个随机的、未知的，但同样被大数据统计分析后认为是被用户高度点赞、高度认定的有趣的内容。这种机制完美避开了脱敏反应所带来的多巴胺降低以致用户暂停使用产品的可能。

这也是为什么《魔兽世界》会每隔一段时间就会出一个版本的资料片，开放更多的等级、种族或职业的原因。现在，很多手游APP几乎每隔两周就会办一个新活动，促使用户在新的规则下完成任务，以获取更强大的装备或角色升级奖励。

03<<

听了这些，你可能还是会说，这些行为上瘾的都是一些意志力比较薄弱的人，所以才会被新资料片、新活动、新装备吸引。只要意志力足够强大，拥有足够的自控能力，就根本不怕所谓的行为上瘾。

真相果真如此？意志力真的堪当重任吗？

2013年普利策奖获得者，美国知名作家查尔斯·杜希格在畅销书《习惯的力量》讲过一个这样的实验：实验人员将接受实验的学生分为两组，让他们做无解的数学题。

两组学生在做题前被要求空腹，然后实验人员安排他们进入一间装满饼干和胡萝卜的房间。饼干香气扑鼻，淡淡的奶油味让人垂涎欲滴；而胡萝卜则索然无味，它们仅仅是一种蔬菜，也没有经过特别的加工，虽然可以解除饥饿，但对学生们来说没什么吸引力。

实验人员假意告诉学生，这次实验的目的是测试他们的味觉，而真正的用意则是迫使其中的一组动用自己的意志力。果不其然，实验人员宣布：你们中的一组只能吃胡萝卜，而另一组则只可以吃饼干。

对饼干组来说，饼干已经足够美味，让他们不吃胡萝卜根本不算什么。而对胡萝卜组来讲则要痛苦得多，实验人员甚至还看到部分胡萝卜组的学生拿起饼干，放到鼻子前闻了闻，看了一眼实验人员，然后又放回去。

很显然，实验人员的目的已经达到了，胡萝卜组的学生强忍着对饼干的诱惑，驱动了意志力；相反，饼干组吃完饼干后心满意足，不需要任何自律。

随后，精彩的一幕发生了。当两组学生开始着手做无解的数学题时，饼干组学生平均坚持了长达19分钟，而胡萝卜组却仅仅平均坚持了8分钟就败下阵来。甚至，胡萝卜组的一些学生一边做题还一边骂骂咧咧——焦虑的情绪在胡萝卜组的学生身上尽显。

类似的实验被重复了200多次，相同的结果无数次再现。

很显然，意志力是有限的，有时并不可靠。通过这个实验，我们可以得出一个结论：单靠意志力无法抵御行为上瘾。

正如同查尔斯·杜希格在书中说的那样："意志力不是一种技能，而是一种力量，就如同你手臂和大腿处肌肉的力量，用力过猛就会感到疲累，肌肉剩余的力量就不足以供给其他活动。"

04<<

既然意志力抵抗不了行为上瘾，那么，我们到底应该怎么做才能摆脱它呢？在找到摆脱行为上瘾的方法之前，我先来和你说说另一件类似的事情。

记得小时候我们第一次看魔术时，几乎会被惊到，世界上难道真有魔法吗？比如，一位魔术师用两把非常大的刀将一个躺在箱子里的人一劈为二。神奇的是，被分成两半的人既没有流血，也没有死去，不论其露出的脑袋，还是伸出的脚都还"活着"，而且都能非常自如地活动。

我曾对这个有趣的魔术百思不得其解，每次观看这个魔术时，都会睁大眼睛，生怕错过了任何一个细节。尽管如此，作为一个外行人，我依然破解不了这个谜题。直到有一次，我在网络上看到了这个魔术的揭秘，才恍然大悟——原来那个被劈成两半的人，竟然不是同一个人。

同样，当我们无法理解行为上瘾是如何一步步影响我们的时候，我们就像不知道魔术真相的孩子那样，一次次被魔术师“欺骗”，甚至会怀疑人生，认为自己无法破除行为上瘾的魔咒。

所以，为了让你真正实现清醒思考，摆脱行为上瘾，接下来的几章是我特别为你准备的充满干货的第二部分。

在第二部分中，我会和你详细拆解行为上瘾到底是如何影响我们的，其中一共包括六个原理：

原理一：行为触发——走入行为上瘾坡道。

原理二：轻松“入坑”——让你觉得你入的不是坑，是有趣的游戏。

原理三：即时反馈——鼓励你重复同样的上瘾行为。

原理四：挑战升级——让人欲罢不能的晋级楼梯。

原理五：未完成感——让你始终停不下来。

原理六：社交元素——沉浸其中，无法自拔。

当你理解了这六个原理之后，你就会像在网上理解了魔术的秘密一样，感叹一声：哦，原来是这样！

行为上瘾是怎么影响我们的

从本章开始将正式进入本书的干货部分，下面的内容是你走上行为上瘾坡道的开始，通过阅读这部分的内容，你会理解产品是通过怎样的设计，诱使你不停地对其产生兴趣，以致欲罢不能的。

Part 2

行为上瘾原理之一：行为触发，你的“首次注意力”是如何被预定的

2.1　行动原理：　所有上瘾行为都是一个心理公式

为什么为了赶早上7点的飞机，凌晨4点半起床不太困难？

中国比特币首富李笑来是如何背下20000万个托福单词的？

为什么一想到送礼，我们脑子里第一个冒出来的念头就是“送礼就送x白金”？

01<<

有这样一种说法：人类的一切行为都是一套套算法。

比如说，有的人目标感强，他很难受到情绪的干扰，就算面前的客户是前女友的现任男友，他也会暂时放下过去的恩怨情仇，努力完成这一个订单。

再如，某农村出身的高管尽管年薪百万，但由于从小就养成了勤俭节约的习惯，即使现在已经很有钱了，但他还是尽力将每一笔钱都花在刀刃上——只买性价比最高的商品。

每个人都有独属于自己的个性算法，但这并不是说没有共性算法。今天，我要讲的这个算法具有一定的普适性，它是人类底层的行为公式：B=MAT。

B即Behavior，是指一个人的行为；M即Motivation，是指人类行为的动机；A代表Ability，也就是能力；最后一个T，是指Trigger，意思是触发。

下面，我就逐一来拆解这个行动力底层公式。

02<<

如果一个人要想去做某事，首先，他一定要有一个M——Motivation，也就是动机。

从专业的角度来讲，动机是激发与维持有机体行动，并且将行动导向某个具体目标的心理倾向或者内部驱动力，你也可以将其理解为做事情的动力。

从诱因理论的角度来说，可以分成正诱因和负诱因：正诱因是追求快乐，负诱因是逃避痛苦。

举个例子，很多人会觉得早起是一件非常困难的事情，但如果某一天，你要赶早上7点的飞机（避免负诱因），你至少要提前1个小时到达机场，你家离机场有1个小时的车程，所以这一天的早上要你4点半起床恐怕就没那么困难。

你可能会说，偶尔让我早起这么一次，当然还是做得到的，但如果要我天天早起，可能就坚持不下来了。然而，时间管理达人纪元已经坚持每天4点起床几年了，他在一次有关时间管理的话题讨论中向我们分享他早起的独门秘籍。

纪元说，他每天晚上会设置两个闹钟，一个放在卧室，另一个放在客厅，卧室的闹钟会比客厅的闹钟早5分钟。之所以如此设置，是由于卧室的闹铃足以把他唤醒，醒过来之后他会意识到，如果不去把客厅的第二个闹铃摁住，就会吵到家人——这给了他足够的动力从温暖的被窝里起来。

在屋里逛了一圈后，他的身体和大脑就已经开始正常工作了。

无独有偶，著名投资人李笑来也是这么管理自己的。

当年，李笑来在加盟新东方前面临着一个难题——每天要背大量单词。为了给自己一个足够强的动机，他给自己算了这样一笔账：

如果成功地成为新东方的培训老师，他或许就能年薪百万，而背20000个单词是成为年薪百万的阶梯。这样计算下来，每个单词的价值相当于50元，这就在无形中给予他足够的动力去背单词。

03<<

有了动力之后，还需要有能力，也就是公式里的A——Ability。

能力是完成一项任务或目标的综合素质。打个比方，电话铃响了，你一看，是一个多年没有联系的同学打来的，此时，你会有足够的动机去接这个电话。但你最后还是没接，这是为什么呢？这就是因为你没有接电话的能力！

你可能觉得很奇怪，这是为什么呢？

想象一下这些场景：如你的手机电量显示马上就要耗尽，你一接这个电话马上就会被迫关机；又或者，天正在下雨，你的一只手拿着东西，另一只撑着伞，同时你还在赶一辆马上就要关门的公交车。总之，你现在没办法接这个电话。

所以，就算你有动机，如果没有能力，那么这项行动也不会发生。

因此，无论是传统的、能让人产生行为上瘾的商品，还是如今广泛应用的移动互联网产品，它们的生产者尽可能地让自己的产品变得简单、好用、易上手，不需要用户在使用之前阅读复杂无比的说明书——这都是为了尽可能地降低用户的使用壁垒。

一款让人难以理解，甚至最终放弃使用的产品显然是一款失败的产品，而一款让人“秒懂”，用起来容易至极的产品则具备了成功的基因——它很有可能变成一款让人上瘾的产品。

比如，我们都非常熟悉的微信。它的界面非常简单，底部只有四个入口，每个入口点进去都十分符合用户以前使用短信的习惯：头像上带数字的小红圈立刻让人知道对方已经给你留言了，吸引你点进去看一下对方到底和你说了什么；“发现”里的“朋友圈”“扫一扫”“摇一摇”则直接指向一个人们口中的“虚拟地点”，或者引导你采取一个动作。就算你是第一次使用微信的人，基本也不会产生太大的障碍。

正因如此，微信才能成为中国最成功的社交APP，其月活跃用户已经超过了10.8亿人。

04<<

最后，公式中的那个T——Trigger，也就是触发，是指因触动而激发起某种反应，它也是我们本章要探讨的重点。当一项产品已经能让用户产生动机，具备让人秒懂，拿来就能使用的能力，那么——万事俱备，只欠触发。

斯坦福大学商学院教授尼尔·埃亚尔曾在其全球畅销书《上瘾》中说：触发是提醒人们采取下一步行动的重要因子。

比如，我们日常接触到的广告：

怕上火喝王老吉。

吃火锅，没川崎怎么行。

今年过节不收礼，收礼只收脑白金。

这些都是典型的触发机制。它们通过广告一遍遍地给你洗脑，占据用户的关注焦点，让你在“上火”“吃火锅”“送礼”等场景时，能够第一时间想到这些产品。

在触发用户的范式中，有付费、送福利、给补贴等触发方式，但同时也存在利用人们底层心理认知偏差的触发方式。通常，给补贴的触发方式利用的是人贪小便宜的外部激励，后续需要通过培养用户习惯，才能形成持续的使用习惯。

还有一种则是通过利用人性固有的弱点，通过一定的心理技巧对你施加影响，继而让你进入人为设计的“上瘾路径”。

05<<

你收获的新知

人类的行为模式实际都是一套套算法，而让人产生行动的逻辑正是人类底层的行为公式：B=MAT。

Behavior（行动）=Motivation（动机）× Ability（能力）× Trigger（触发）。

三者是乘数关系，所以只要有任何一个因子为零，等式左边的值——行动——也将为零。动机是人们做一件事情的动力；能力会影响用户行动是否存在壁垒，是否会由于能力的缺失，阻止用户践行存在动机的行为；而触发又分为送福利、给予补贴的外部激励，以及利用人性认知偏差，从而在心理层面触发用户行为。

2.2 喜好触发：“总有一款适合你”的舒适区

一款产品是通过什么方法成功吸引你的注意力？

为什么《今日头条》可堪与BAT（百度、阿里巴巴和腾讯三大公司首字的缩写）公司比肩，成为在用户使用时长上仅次于腾讯的第二名？

什么是喜好原理？和它相关的触发因素有哪些？

01<<

你有没有这样的经历：本来打算打开搜索网站查一些与工作或者学习有关的内容，但无意间看到今天推荐栏里的实时热点中，正好有一条你喜欢的一位明星最近发生的一些事件，于是就点进去看一下，心想反正看完一篇文章也不会花太多时间。

结果，当你看完了这篇，旁边又跳出另一条吸引你的新闻。于是，你看完一条又一条，当你感到肚子有些饿的时候，才发现又到饭点了，而此时此刻你虽然回过了神，但却早已忘记一开始要查的内容是什么了。

又或者，你刚点开一个阅读APP，打算趁着下午的美好时光冲一杯咖啡，然后想躺在沙发上好好阅读朋友推荐的一本好书。此时突然有一条新闻推送，你一看，正好是你感兴趣的话题，于是就点进去，看完一条又一条，不知不觉一下午就过去了，什么事儿都没干。

这些情景不仅在你的身上发生过，很多人都有过这种情况。可以说，只要我们接触互联网，上述场景几乎每天都在上演。

实际上，在第一章中，我们简单介绍过，未来的商业战场是抢占用户时间的战场，而抢占时间战场的第一步就是获取你的注意力。所以，这些网站或者APP正是利用了人类心理的特性，通过触发你的行为动机，成功地夺取了你的时间和你的注意力。

那么，它们到底是怎么做到的呢?

02<<

这个问题的答案是——算法。

根据算法推送消息早已不是什么大新闻了，它会根据你过去的阅读行为给你打上兴趣标签，然后将与之相关的文章推送给你。而当你反复地阅读这类文章后，系统就会把更多匹配的内容给你。久而久之，你看到的就几乎全都是你喜欢或者关心的内容了。

是的，这是一件非常可怕的事情。上述的那些互联网产品，几乎个个是擅于“投其所好”的专家，它们利用了每个人的兴趣爱好，摸清了每个用户的使用惯性，精准推送我们喜欢的内容，以吸引我们的注意力，争夺我们的时间。

第三方数据服务商Quest mobile2018年的年中报告显示，以大数据推荐算法见长的某头条APP，其用户使用时长已经超过了百度系、阿里系，成为了仅次于腾讯系的第二名。它之所以能有今天这样的成绩，庞大的用户基数及用户使用时长，“投其所好”的核心算法是其中的关键——因为这个核心算法暗合了人性的底层逻辑。

03<<

这个底层逻辑到底是什么呢？作家罗伯特·西奥蒂尼在畅销书《影响力》中曾经反复强调，喜好原理会对人产生极大的影响。

“喜好”，不难理解，说得好听点是一种偏好，说得直白些，喜好是一种偏见。它能极大地触发用户的注意力，获得他们对内容的关注。

比如，外表魅力就是一种触发核武器。一个长相姣好的人总是能引起人们的兴趣，激发人们对其私生活的好奇。

除了外表魅力触发外，与喜好原理相关的触发因素还有以下三点：

相似性触发

如果映入你眼帘的内容与你的观点、个性或者生活方式有一定的相似，你就会不由自主地被它吸引，不自觉地想要了解更多。比如，你平时喜欢读书，那么最近有一本好评如潮的新书上市，就有很大概率触发你去了解更多的细节。又如，你周末喜欢钓鱼，那么关于一款渔具的评测报告就能引起你极大的兴趣。

白酒品牌“江小白”就将相似性触发运用得驾轻就熟，其品牌核心竞争力就在于那些能引起用户内心共鸣的文案：

早知道很多人走散就不会再见，就该说出那句吞回肚里的话，给出本该给予的拥抱。

我们共有过去，却各有未来。

最暖的不过酒在肚里，你在心里。

别让工作掏空身体，别让欲望掏空钱包，别让时间掏空昔日同窗的情感。

如此走心的文案契合了各种饮酒的场景，用文字触发人们的情感诉求，让人在共鸣中不由自主地去选择这款白酒与朋友同饮。

关联性触发

大家都知道，可口可乐的英文叫作Coca-Cola，但在20世纪20年代刚刚进入中国市场时，其品牌名称却不是这个，而是被翻译成“蝌蚪啃蜡”。当时，人们一看这个名字就会不由自主地想起“味同嚼蜡”这个成语，所以谁都不想成为第一个去嚼蜡的人。直到有人以神来之笔地将其译为“可口可乐”，给人一种“可口”的感觉，这才触发用户们纷纷去尝试，中国市场也从此被打开。

条件反射触发

“人头马一开，好事自然来。”这句广告词不仅当年红极一时，还对后来的诸多企业家产生了深远影响。企业家们每次开始一个新项目时都一定要开一瓶价格不菲的人头马以讨个好彩头。

曾经有一位企业家不按套路出牌，为了省下酒钱，他并没有在“关键时刻”去开一瓶人头马。当他的项目陷入困境时，这位企业家开始反思，是否因为这个细节影响了项目的运势？他痛定思痛，决定从此以后凡是要开始一个新项目，就绝对不能少了这一“开瓶仪式”。

04<<

你收获的新知：

未来商业的本质是争夺用户的时间，而商家要抢占你的时间，第一步必然是通过触发，调动用户的行为动机，俘获你的注意力。

为了实现这个目标，越来越多的APP利用算法给用户打上某种兴趣标签，“投其所好”地给用户推荐其所喜欢的内容，从而不停地形成有效地触发机制，进而增加用户的黏性，延长用户使用时长。

投其所好的底层心理动机之所以能产生效用，是由于人类固有的认知偏见——喜好原理。与之相关的触发因素主要有外表魅力触发、相似性触发、关联性触发和条件反射触发。能成功吸引用户注意的产品，往往与这四种触发机制有一定的关系。

2.3 社会触发：两个触发你心理机制的“强力按钮”

为什么朋友圈里会有那么多人@微信官方，只为要一项圣诞帽？

为什么明明是一瓶纯净水，却有那么多学生声称闻到了化学品味道？

哪里带来的流量居然达到了天猫“双十一”的15倍？

01<<

上一小节我介绍了能够触发用户行为的底层心理动机：喜好触发开关。你可能会说，在现实生活中，不仅让人喜欢的内容会引起人的注意，应该还有其他心理触发机制存在，它们也能影响人们的行为。

你的感觉是对的，除了喜好这个触发开关之外，还存在从众、权威、恐惧、互惠和一致性这五大行为触发开关。这些心理触发开关之所以会奏效，同样归因于人类固有的认知偏差。下面，我们就一个个来认识它们。

02<<

从众触发开关

2017年12月，你可能在微信朋友圈看到有人不停地在发朋友圈@微信官方：请给我的头像来一顶圣诞帽。有的人要到了，有些人苦等很久，微信官方却依旧没有理他，这是为什么呢？

在讲这件事情之前，我要先和你说一件发生在60多年前的事情。当时，有一位叫阿希的教授，他召集了一些人，声称要做一个关于“视觉感知”的试验。

试验非常简单：给接受试验的人看两张纸，其中一张上面印着一条线，另一张上面印着A、B、C三条线，让他找出这三条线中哪一条长度最接近另一张纸的那根线，如下图所示：

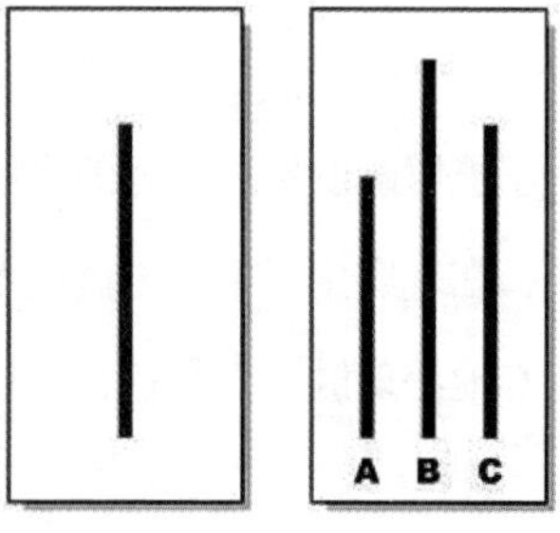

你可能看过这个试验，但你很可能只知其一，不知其二。

虽然明眼人一看就知道C线最接近，但阿希教授故意在7人一组的试验小队中安排了6个“托儿”，让他们不是集体选A，就是集体选B。

这下好了，前前后后有几十人接受试验，这些不明所以的被试对象很彷徨，也很犹豫，他们本来选择了正确答案，却因为“托儿”们的干扰而怀疑自己的选择。因此，这项试验的最终结果很出乎人的意料，竟然有36.8%的被试者选择了错误的答案；而在没有“托儿”存在的单独对比试验中，错误率仅为1%。

为了验证“托儿”对被试者的影响，阿希教授又做了不同的试验，最终结果是这样的：

1个被试者+1个“托儿”，错误率为1%；

2个被试者+2个“托儿”，错误率为13.6%；

3个被试者+3个“托儿”，错误率为31.8%

再往上增加“托儿”的数量，错误率的增长就不再那么明显了。

阿希教授通过这个实验得出了一个非常著名的心理学效应——“从众心理”。这个效应是指个体很容易受到外界的影响，在自身的判断、认知上倾向于表现出与公众舆论相符合的行为，而只有极少数的人不受“从众效应”的影响，能保持独立思考。同时，这项研究也解释了我们经常听到的谚语或者生活现象，比如说“三人成虎”。

好了，现在让我们回到@微信官方讨圣诞帽的游戏，这个游戏最好玩的部分是朋友圈里的朋友们彼此或强或弱地都有一定的信任基础。你看到一个好友@微信官方，你可能觉得没什么。两个好友@微信官方，你就会觉得这事儿有些古怪了。当你看到3个甚至更多人@微信官方，甚至看到有些好友已经拿到了圣诞帽时，你的心就开始痒痒了：我能不能像他们一样也来一顶圣诞帽呢？

03<<

权威触发开关

说完了从众心理对人的行为触发造成的影响，再来说说下面这一个触发开关——权威触发开关。

如果你是一位家长，或者你回忆一下自己的儿童少年时期，你会发现，父母对一个孩子的影响是有限的，父母说得再多，通常都抵不上老师的一句话。是的，这就是权威触发开关对一个人造成的影响。

权威触发开关又被称为“权威暗示效应”，是指一个地位高、有威信、受到社会尊重的人或者机构所说的话、所推荐的内容或者所做的事情更容易让人重视，并且具有更强的说服性和可信性。

为了验证权威暗示效应对人的影响，美国的心理学家做过一个实验。他们邀请一位德语老师来给心理学系的学生讲课，并且向他们介绍这位老师是一位来自德国的著名化学家。在实验的过程中，“德国化学家”一本正经地拿出一个装有纯净水的实验瓶，打开瓶盖，并用手假装扇一扇，让瓶子里的气味挥发，然后问底下的这些学生，有多少人闻到了化学品的味道，结果大多数学生举起了自己的手，点头表示闻到了气味。

没错，这就是权威触发开关。因为人们潜意识里往往会觉得权威总是对的，而人天生又有“安全心理”的需求，认为服从权威可以有效增强这种安全感。与此同时，权威在人们心中还有一种与社会要求相一致的感觉，而这恰恰暗合了人们的“从众心理”，两种心理叠加，自然造就了“权威暗示效应”。

在你的身边，其实存在很多利用权威触发开关促使你去了解产品的情况。

比如，近几年大热的知识付费行业，你可以看到很多课程往往以“老师+名校+内容”或者“名企+内容”来命名。比如，《XX女神的幸福哲学课》《X大师的北大金融课》《阿里铁军内训销售课》等，这些课程的命名方式是通过触发用户权威暗示效应的开关，让人忍不住点进去看一下，到底名校、名企厉害在哪里。

淘宝平台本身就已经足够有名了，但“淘宝+权威”的组合带来的流量仍然让人大吃一惊。鉴于春晚以往的流量规模，2018年，淘宝与春晚合作时做了大量的准备工作。为此，程序员们通宵达旦，加班加点，准备了比“双十一”足足多2倍的流量承接方案。

但万万没有想到，春晚这个权威触发开关实在是太厉害了，硬生生让当晚的峰值流量达到了“双十一”的15倍，服务器居然崩溃了！这就是权威触发开关的巨大威力。

04<<

你收获的新知

从众触发开关，是指一个个体很容易受到外界的影响，在自身的判断、认知上倾向于表现出与公众舆论相符合的表现，只有极少数的人能保持独立性，不受“从众效应”的影响。所以，只要看到很多人都开始关注并使用某个产品，那么作为个体的你也很容易被触发，开始设法去了解这个产品，从而慢慢进入产品经理为你设计好的“行为上瘾坡道”。

我们在生活中常常会受到权威人士和权威机构的影响，无论是知识付费课程的命名范式，还是淘宝与春晚合作引起的流量大爆炸，都充分说明了权威触发开关的有效性。

2.4 个体触发：你是如何在不知不觉间进入角色的

恐惧是如何起到触发作用的？

为什么半片面包可以换回一条命？

为什么餐厅里服务员倒给你的一杯茶就能让你在他们那里用餐？

01<<

恐惧触发开关

2018年年初，张泉灵的一篇推文刷爆了朋友圈：《时代抛弃你的时候，连一声再见都不会说》。很多第一眼看到的人都会惊讶：张泉灵是央视的前主持人，现在是著名投资人，连她都有担心“被时代抛弃”的焦虑感，那普通人应该怎么办？

是的，这就是一个人的恐惧触发开关被打开的结果。看到这个标题我们会很紧张，想赶紧点开标题看看这篇文章到底讲了些什么，和自己有没有关。

所谓恐惧触发开关，其实就是利用人类担惊受怕的心理来制造压力，从而试图改变他人的态度或者行为。

小时候，你一定听长辈这样说过：再不好好学习，将来只能去扫地。工作之后也常听到这样的话：你再不好好工作，就扣你这个月奖金……这些其实都是通过恐惧触发开关，影响你内心，促使你产生对方所期望你产生的行为的一种手段。

关于如何引导用户产生购买行为，奥美广告公司创意总监孙大伟曾发表一篇推文，内容如下：

日航123次航班波音747航班在东京羽田机场跑道升空，飞往大阪，时间是1985年8月15日下午6点15分，机上载着524人（包括机组人员、乘客）以及他们家人的未来

45分钟后，这班飞机在群马县的偏远山区坠毁，仅4人生还，其余520人已成为空难的统计数字……

在空难现场一个沾有血迹的袋子里，智子女士发现了一张令人心碎的信条。在别人惊慌失措呼天抢地的时候，为人夫、为人父的谷口先生写下了给妻子的最后叮咛："智子，请好好照顾我们的孩子。"就像他要远行一样。

你为谷口先生难过吗？还是为人生的无常而感叹？免除后顾之忧，坦然面对人生，享受人生，这就是保德信117年前成立的原因。走在人生的道路上，没有恐惧，永远安心——如果你与保德信同行。

如果你是一位丈夫、一位父亲，相信当你第一次看到这篇短文

时，很可能为之动容。是的，因为它已经打开了你的恐惧触发开关。

02<<

互惠触发开关

你有没有发现，如果一个很久没有联系你的老朋友，突然在你的朋友圈里给你点了一个赞，你会不会在上下页附近看到对方的朋友圈内容后，忍不住也给对方点一个赞呢？

没错，这种情形很常见，因为在我们人类心理底层，存在一个互惠触发开关的心理机制，这种机制会让我们条件反射式地尽量以相同的方式去回报别人给予我们的恩惠。简单来讲，就是我们往往会用一种善意的行为，来回报他人一种类似的善意行为。

心理学家丹尼斯·里根做过一个实验，他请实验人员与被实验对象聊天，然后离开一会儿，带回来两瓶可乐，一瓶给被实验对象，一瓶自己喝，稍后再请求被实验对象购买彩票，对照组则在聊天后直接要求被实验对象购买彩票。

经过大量重复实验后，统计出的数据表明，给被实验对象一瓶可乐的实验组与直接要求购买彩票的对照组相比，前者的购买率要高出整整1倍。

互惠触发开关在战场上也适用。

第一次世界大战中，有一名德国士兵受命前往敌营捕获一名敌方士兵回来拷问情报，当他突然出现在敌方战壕时，一名落单士兵吓了一跳——这名士兵当时正在吃午饭，毫无防备，被缴械时，他手上还有仅剩的一片面包。然而，他做出了此生最明智的一次尝试：把一半面包分给了这名饿坏了的德国士兵。被感动的德国士兵因此放过了“恩人”，虽然他回去后挨了上级一顿臭骂。

由于这个触发开关持续有效，因此，到今天为止，我们在超市里依旧能看到有很多饮料或酸奶导购员不断地让你试吃小杯装赠品，出于这种互惠心理，顾客购买正装的概率自然就会大大提高。

03<<

一致性触发开关

你有去菜场买菜的经历吗？为什么很多时候菜场里很多时令、新鲜菜并不标上价格呢？而当你去问店主这菜多少钱一斤时，就算对方的报价比你心里预估的价格要高上一些，你仍旧会硬着头皮把菜买下来呢？

去饭店吃饭的时候也是这样。为什么很多饭店不把菜单放在门口？而当你走进饭店坐下来看菜单时，就算菜单上的菜价比你心里预估的价格要高上一些，你也好像走不了了，只能硬着头皮在这家饭店吃饭呢？

是的，这是因为你的一致性触发开关被打开了。

“一致性”一词源于美国社会心理学家L.费斯廷格于1957年提出的社会认知论。这种理论认为，由于每个人都努力设法使自己的内心世界没有矛盾，所以一旦做出了某个决策（如问了别人菜价就下意识会觉得是要买），之后的行为就会自觉不地按照这件事情的轨迹来进行。

在测试人们一致性的实验中，研究者随机挑选海滩上的游客作为实验对象。第一步，实验人员会假装成游客，在实验对象不远处铺一块毛巾，躺上一会儿，用随身听听一会儿音乐，然后就到附近去散步。

第二步，另一位实验人员假装成小偷来偷窃随身听。在20次试验中，只有4次会受到被试对象的阻止。而对照组的实验人员会在散步前跟被试对象打一声招呼，说“你帮我看一下随身听”，在20次试验中，只有1次不被阻止。

可见，人的确具有认知一致性。绝大多数的人会设法保持自己的一致性，兑现自己做出的承诺。

04<<

你收获的新知

恐惧触发开关是一种利用人担惊受怕的心理来制造压力，从而试图改变他人态度或者行为的一种方法。作为一种引起人们注意力的手段，恐惧触发开关能非常有效地给人以行动的动力，从而让人进入别人早已设计好的剧本中。

互惠触发开关，是指人天生地会对善意报以善意，这种条件反射机制会让我们尽量以相同的方式去回报别人给予我们的恩惠。所以，如果你并不是很想购买商场里促销的商品，那就千万忍住，别去试吃对方硬塞过来的试吃品，否则互惠触发开关一旦被打开，你就无法拒绝别人了。

一致性触发开关指的是每个人都想使自己的内心世界没有矛盾，人一旦做出了某个决策后，行为就会不自觉地按照这件事情的方向继续进行。一旦打开了一致性触发开关，事情的走向就会不受控制，停不下来了。

2.5 小复盘：这就是你与行为上瘾的第一次“邂逅”

在进行第一次小复盘之前，我想提前说明一下我们为什么要做复盘。

复盘原来是一个围棋术语，指的是博弈完后，双方棋手把刚才的对局再重复一遍，以检查自己的下法的优劣得失。如果你买来本书仅仅是用来消遣的，你可以跳过本节，直接进入下一章。

下面，我们对本章的知识点来做一次复盘。

01<<

行动公式：B=MAT

Behavior（行动）=Motivation（动机）×Ability（能力）×Trigger（触发）。

这个人类底层的行为公式第一次如此清晰地道明了影响人类行为的三个因子：动机、能力和触发，而且它们还是以乘数效应的方式出现，这意味着三者缺一不可。

动机，分为正诱因动机（追求快乐）和负诱因动机（逃避痛苦）。看到美好的事物想要多看两眼，这是正诱因动机；口渴了想喝水是负诱因动机。当我们有了足够大的动机时，就开始蠢蠢欲动，想要采取行动，但是这还不够，因为你还需要有能力。

能力，是完成一项任务或目标的综合素质。换句话说，就是你要有本事做到它。想喝水是你的动机，但你口袋里没带现金或者没有微信或支付宝来付账就是没有能力；无数个广告每天在你的眼前晃过，广告人也有足够的动机让你记住和熟悉它们，但能否引起你的注意，这就要看广告人有没有这个能力去触发你的注意力了。

触发，是因触动而激发起某种反应，分为外部激励的触发和内部激励的触发。外部触发通过补贴、福利、红包的形式给予用户外在的刺激，如果在补贴期间，并未培养起用户习惯，那么，一旦外部激励被抽走后，触发就会等同于零。然后，B=MAT 开始发挥作用，左边的等式值也就开始趋向于零。

内部触发则是利用人性认知偏差，在心理层面触发用户产生行为，也是我们本章讨论的重点。

02<<

下面，我们开始复盘内部触发的六个开关，它们分别是：喜好、从众、权威、恐惧、互惠和一致性。

喜好触发开关

喜好是最常见的内部触发开关，它是一种偏好，也是一种偏见。但我们所说的偏好或偏见并非是个性化的，而是人们共性的特点，这种共性化的喜好触发一共分为四种：

外表魅力触发：颜值即正义。唐明皇下旨千里送荔枝，只为博得杨贵妃一笑；周幽王烽火戏诸侯，也只为博褒姒一笑。尽管现代社会的开放性让人越来越不耻于承认外表魅力对人性内部触发的效力，但外表魅力堪称是触发界的“核武器”，吸睛的效果毋庸置疑。

相似性触发：俗话说“老乡见老乡，两眼泪汪汪”。人天生就会被与自己观点、个性或者生活方式相似的人或事吸引，从而触发自己去了解对方更多。所谓扎心文案、走心广告就是这样——通过共情的方式，触发用户的情感诉求，让人在共鸣中不由自主地进入产品经理精心设计的后续坡道。

关联性触发：人的想象力天生丰富，消极的关联令人嗤之以鼻，积极的关联却让人跃跃欲试。试想一下，如果有两杯碳酸饮料摆在你的面前，你会选择可口可乐，还是会选择“蝌蚪啃蜡”？

条件反射触发：通过占领用户心智，让你在特定场景第一时间就想起它。比如，我们最熟悉的广告：人头马一开，好事自然来；怕上火，就喝王老吉；吃火锅，没川崎怎么行……它们都是条件反射触发，已经深深植入了我们的大脑。

从众触发开关

“从众心理”，是指个体受到外界的影响，在自身的判断、认知上倾向于表现出与公众舆论相符合的表现。一般来说大众都有这种心理，只有极少数的人能保持独立性，不受“从众效应”的影响。

对从众触发开关，我们需要记住三个数据、一个结论：

1个被试者+1个“托儿”，错误率为1%；

2个被试者+2个“托儿”，错误率为13.6%；

3个被试者+3个“托儿”，错误率为31.8%；

再往上增加“托儿”的数量，错误率的增长就不再那么明显了。

这个数据说明说的人多了，就能使人们把谎言当成事实，这就是所谓的“三人成虎”。而一旦超过三人，“成虎”的效率就不再显著提升。

权威触发开关

又被称为“权威暗示效应”，是指一个地位高、有威信、受到社会尊重的人或者机构所说的话、所推荐的内容或者所做的事情更容易受到别人的重视。

权威触发开关奏效的原理在于，人们潜意识觉得权威总是对的，而人天生又有“安全心理”的需求，服从权威可以有效增强这种安全感。同时，权威在人们心中又有一种与社会要求一致的感觉，暗合了人们的“从众心理开关”，两种心理一叠加，权威暗示效应就对人起作用。

恐惧触发开关

恐惧触发是通过利用人类担惊受怕的心理来制造压力，以试图改变他人的态度或者行为。无论是赤裸裸的威胁，还是温柔的威胁，都能有效地激起对方的焦虑，从而刺激对方进入寻找解决方案的状态。如果此时企业再用它们的产品作为“解药”向你呈现，这样成交转化的效率往往比一般情况高出许多。

当然，这种恐惧触发必须把握好分寸，否则很可能引起人的防卫性反应，造成人的不满。

互惠触发开关

互惠会让人们条件反射式地尽量以相同的方式去回报别人给予他们的恩惠，简单来讲就是人们往往会用一种善意的行为来回报他人类似的善意行为。大量研究数据表明，采用互惠的方式去触发用户，其成功的概率是未采取互惠方式的2倍。

一致性触发开关

这个理论是美国社会心理学家L.费斯廷格于1957年提出的一种社会认知论。由于每个人都想方设法使自己的内心世界没有矛盾，所以一旦做出了某个决策（如问了别人菜价就下意识会觉得是要买），之后的行为就会不自觉地按照这件事情来进行。

03<<

清醒思考

总的来说，行为上瘾原理之一：行为触发，让你理解人类底层的行动公式B=MAT，同时让你洞悉产品经理是如何通过六套完全不同的心理技术手段“套”你，悄悄打开你的触发开关的。

Part 3

行为上瘾原理之二：轻松“入坑”，这些心理机制在悄悄助推

3.1　新手福利：从拒绝到上瘾的魔法

为什么每次玩一款新游戏，一开始时升级总会很快?

什么是登门槛效应?

为什么很多APP会给你发一个新手红包，让你在它那里用很低的价格就能买到产品?

01<<

2005年，那时我还只是一个学生，《魔兽世界》刚进入中国不久，我和许多对自己的意志力没什么信心的小伙伴一样，告诫自己千万不要去尝试。

我和意志力较量了很长一段时间，结果却功亏一篑。

有一次，我表弟到我家里来玩，他带了这款游戏的光碟，向我演示了这款游戏的玩法。不得不说，见识过这款游戏的玩法和游戏场景后，作为一个资深游戏玩家，我很难不被吸引。安装注册完成后，我选择了其中的“法师”作为自己的角色，给自己起了一个喜欢的名字，然后踏上了这条“不归路”。

刚开始玩游戏的时候，我的游戏角色的装备只有一根最差的法杖和一套衣服，但仅仅才做了几个“杀怪”任务，我的游戏角色的装备便陆陆续续地补齐了。而且一开始升级升得特别快，每升两级就能获得全新的炫技能，短短半小时，我的角色都已经升到第10级了。

半个小时的时间，我的游戏角色不仅学习了5种完全不同的技能，而且还换了一套酷炫的行头。穿着这一套令人满意的装备，我又开始了下一个进阶阶段……

02<<

你是不是对这一套流程感觉特别熟悉呢？你是不是觉得每一个设法让你形成行为上瘾的游戏都是这样安排的？没错，这种让人一旦接触就立刻着迷的机制，就是所谓的“新手福利机制”。

在现在的各种游戏产品中，你会发现新手福利机制几乎无处不在，而且效果惊人——这种机制就仿佛有一根胡萝卜悬挂在你的眼前一般，一步步地引导你更加深入地去了解整个游戏，然后又像吸血鬼一样吸走你的时间和金钱。

在你刚刚完成注册后，系统会提示你有一个任务，而当你轻而易举地完成该任务后，系统又会立刻给予你金币、装备或者技能的奖励，这些都能让你的大脑分泌多巴胺，刺激你继续玩游戏，同时保持兴奋感。

而下一个任务的出现则又会引导你去熟悉角色的各种技能，以及游戏场景中的各种体系。在一次次的奖励过程中，你很快就能轻松地掌握整个游戏的操作方法。当然，接下来等着你的是更具挑战性和更困难的任务，其中一定会包括同其他玩家PK的机制。为了后面的任务能顺利完成，或者为了在PK的竞技场中获胜，并获得更高等的装备或更靠前的排位，你不得不投入更多的时间或者金钱去提升技能等级和装备。

03<<

新手福利机制在今天的游戏中非常常见，但你千万不要以为这是近几年才出现的。早在50多年前，美国的心理学家就已经发现，通过一定的手法，想要操控人心其实并不困难。

弗里德曼与弗雷瑟是美国社会心理学家，为了做一项心理实验，他们派人在几座不同的城市中随机访问了一些家庭主妇。一开始，实验人员要求这些主妇把一个很小的招牌挂在自家的窗户上，她们很高兴地答应了。

过了一段时间之后，两位心理学家再次派人前往，而这次提的要求显然稍微过分一些了，因为这次的要求是把一块丑而大的招牌挂在相同的位置。结果，大约有50%的主妇答应了实验人员的请求。

而对照组的操作就简单粗暴多了——实验人员直接要求初次拜

访的家庭主妇在其窗前挂上同样一块又丑又大的招牌。结果，仅仅只有20%的主妇答应这个请求。

实验结果对比非常明显，两位心理学家把这种现象命名为“登门槛效应”（Foot In The Door Effect）。后来，它又被称为“得寸进尺效应”，是指某个个体一旦接受了一个小要求之后，为了避免自己认知上的不协调，会有较大的概率去接受之后更过分的要求。

04<<

让我们回到现实。

如果一款游戏刚开始玩的时候就很困难，这就好像主妇们一开始就被要求挂上一个大而丑的招牌一样。对一般的玩家来说，会有很大的概率关闭游戏，甚至直接把它从手机上卸载。而新手福利机制却可以让玩家在轻松完成游戏的同时获得奖励，然后再一步步加大任务难度，在你还没反应过来之前，就已经把你的时间和金钱“贡献”在游戏中了。

在互联网行业，这种新手福利机制有一个专业术语——用户拉新。

熟悉互联网行业的人都知道，用户规模的增长是互联网公司的一个重要指标，这关系到风险投资对这家企业的未来预期以及是否会有后续的追加融资。所以，当新手福利机制在游戏里取得成功之后，诸多互联网企业也开始如法炮制，开发出诸如“新用户1毛钱使用首月，畅享付费内容”这样的噱头——这种营销策略在很多视频网站或知识付费类APP上很常见。

还有一些变相的用户拉新手段。比如，给新用户发红包，这个红包可以用来享用“首单消费”，让你用极低的价格买到他们公司的产品。通过这些首月以极低价格享用产品，用红包促使你产生第一个订单的方式，互联网公司实现了“获客目标”，之后再配合其他的一些营销手段吸引用户，养成使用其APP和产品的习惯。

一段时间后，你就会从一开始的拒绝，逐步变成每天都要打开这款APP，而且或许未来有一天，你甚至可能成为其产品的铁杆粉丝。

05<<

你收获的新知

新手福利机制是一种营销策略，在你还没完全了解产品的时候，会给予你的每一步行为一些积极的奖励，它所依凭的人类心理底层逻辑就是登门槛效应，也就是人们一旦接受了一个微不足道的小要求，就会为了避免认知的不协调，从而接受一个更大、更难的要求。

新手福利机制不仅存在于游戏当中，还被广泛应用在互联网产品的用户拉新上。所以，如果你一开始就认定自己很可能陷入某款游戏或互联网产品里，产生上瘾行为的话，那么，你就要小心，千万不要受到新手福利机制的诱惑，避免把大量的时间甚至真金白银投入其中。

3.2 “损失厌恶”：小恩小惠 VS 无休止付出

为什么有的孩子生着病都要去上课？

什么是损失厌恶心理？

什么方法会让用户产生大规模集中购买欲望？

01<<

周末，我带孩子去上课外辅导班。上完课后，临走时，辅导班的前台给儿子发了一张签到表，然后“砰砰砰”地敲上3个“已完成”图章，然后喜笑颜开地对儿子说：“小朋友，以后你每来一次，就会得到一个签到章。凭7个章就能换取那个恐龙玩具哦。当然，签到章30天内有效。”说完，她指了指我们背后玻璃柜里的一只绿色霸王龙模型。儿子显然很喜欢，临走前还非常不舍地看了霸王龙好几眼。

后来有一次周末，儿子得了支气管肺炎，下午的辅导班本来完全是可以不去的，但小家伙却执拗地要去上。我实在受不了他那可怜巴巴的小眼神，就给太太打了个电话告知一下情况，然后直接从医院出发，前往培训机构。

上完课，儿子急不可待地冲到前台，报上自己的名字，把自己的签到表塞给那位前台阿姨，然后眼巴巴地看着她给自己敲上第六个图章，小脸上洋溢着期待的神情。此时，我恍然大悟，儿子原来是被这个商业化策略吸引了。

02<<

签到打卡已经不新鲜了，这个玩法我们在很多APP里见到过。一些阅读软件也会有类似的签到机制，每次签到还会有不同面额的代金券奖励。当然，代金券一般也会有一个失效时间，如7天，这样就会督促我们在规定时间内抓紧去使用它们。

但是，签到就签到，为什么要在签到表上“砰砰砰”敲上3个图章呢？

不得不说，这家课外辅导班的老板是个营销高手——其所触发的正是人类底层心理中的“损失厌恶机制”。

什么是“损失厌恶”呢？损失厌恶（Loss Aversion）就是我们在面对相同数量的收益和损失的时候，会觉得损失更让我们难受。

我们来打个比方，如果你一早收到了一个来自朋友的微信祝福红包，你可能会很开心，但没过一会儿，你的这位朋友突然说发错了，希望把这个红包要回去。此刻，你可能就会在心里嘀咕：这位朋友到底在搞什么啊？

你看，收到一笔定金额的钱，又退回同样的数量，其实对你来说并没有任何损失，但正是因为损失厌恶心理的存在，你就会感觉不舒服。

这也就解释了为什么一个赌客去赌场赌博时，赢了一点钱后见好就收会相对容易，而倘若赌输了的话，赌客就会产生比较强的赌瘾——因为损失厌恶的心理机制开始发挥作用了，这种心理机制会促使他总想着找机会把本儿赢回来。

回过头来看我儿子的签到表打卡，前台一上来就给他“砰砰砰”敲3个图章，这很容易让人产生一种错觉——我已经有3个打卡印记了，为了不让已有的打卡印记白白浪费，就算咬牙忍耐也要坚持来上课，好集齐7个图章换取自己应得的小礼物。

03<<

在引发人们购物上瘾的APP中，我们同样能看到类似的痕迹。

如果你熟悉某网上超市，就一定知道它有一种这样的机制：每次当你确认收货后，系统就会安排给你一次从9张卡片里面翻卡的机会，不同的卡片代表着不同的商品。有时候，仅需0.01元，就能购买一件平常售价在7~13元的商品。

而超市的运费规则是实际支付满88元包邮，而不满88元则需要支付明显不太合理的15~20元运费。一方面，翻卡的机会有失效期限，翻出0.01元购物卡后，你只有6小时的时间决定是否发起本次购物，超过6小时卡就会失效；另一方面，你不希望把钱白白浪费在运费上。

那么，我们都知道的一个公式：销售额=流量×转化率×客单价×复购率。在某网上超市的这个运营策略中，每一次确认收货后都会获得一次翻卡片的机会，这个引导带来了流量；通过告知失效期限，触发用户的损失厌恶心理，促使用户产生购买行为，这又带来了转化率的提升；同样的心理痛点再变换一个方式，为了促使你规避高昂的运费，诱导你凑单，把本次订单的总价超过88元，则是提高你的客单价；而下一次确认收货后，你还是会重复这个套路——这是提高复购率的策略。

的确，你不得不佩服其产品经理，真是对用户损失厌恶的心理把握得炉火纯青——于是乎，这样的设计让用户购物上瘾，不仅争夺了市场份额，而且通过提高客单价，把整个市场的馅饼做得更大。

04<<

另一种把损失厌恶运用到极致，促使消费者产生大规模集中购买的策略叫作“倒数日发售”。一个典型的“倒数日发售”会被分为三个阶段。

第一阶段，吸引注意力。在这一阶段，企业所使用的策略是通过各种APP开机页、弹屏广告、首页焦点图，甚至发短信告诉你：有一个非常好的产品马上就要发售了，而且价格也十分诱人，如果你不来看一眼可能就亏大了。

第二阶段，预售。在预售阶段，商家通常会让你付1元钱，用一个很低的门槛先把你吸引进来，反复让你产生一种恨不得立刻把钱付了，把货品带回家的感觉。

第三阶段，倒数日发售。通常意义上的“倒数日”发售一般会持续至少3天。第一天，由于前期已经吸足了眼球，那些迫不及待的用户一定会在第一时间，甚至第一小时就把余款付完，期待商品早一天拿到，早一点使用。

更绝的是，从第三阶段的最后一天，大规模的倒计时推送又来了——最后24小时、最后6小时、最后3小时，直到最后一小时。

这一套组合打法特别令人称道的地方就在于，它不仅在注意力上给你抛下了诱饵，而且还让你轻轻松松地就支付1元钱。这1元钱看起来好像微不足道，正是通过这微小的付出，企业可以准确地获悉精准用户到底有多少。

而且，由于“损失厌恶”的存在，人们往往不希望自己付出的每一分钱被浪费掉，因此付了这1元钱的用户的购买概率自然就大大增加了。紧接着，通过倒数时间的推送，让人产生一种错过就是损失的错觉，再一次地触发了用户“损失厌恶”的心理开关，迫使用户付款买单。如此犀利的组合策略，用户怎么会不买账？

05<<

你收获的新知

损失厌恶，是我们人类固有的一种特性，在面对相同数量收益和损失的时候，损失会让我们倍感痛苦。而企业恰恰在一些营销策略上利用了用户损失厌恶的消费心理，先通过一些小恩小惠让你“上钩”，再触发“损失厌恶”开关，从而促使你主动购买。

3.3 沉没成本：5块钱就能买到的“极致体验”

为什么一张5元钱的纸币可以卖到17.5元？

什么是沉默成本？

为什么很多人会坚持看完一部烂片，为什么女孩子不愿意放弃负心男？

01<<

我在读职商学院的时候，一位受人尊敬的女教授曾经给我们做了一个有趣的游戏。她拿出一张崭新的5元人民币，请我们为这张纸币开价，以5毛钱起拍，每次叫价也是5毛，出价最高者可以获得这张5元的纸币。不过，出价最高和第二高的同学需要支付自己的叫价。

一开始，同学们还有些腼腆，没人主动叫价，我作为组织委员自然要带头积极参与班级的集体活动，于是就硬着头皮，率先喊了一句：5毛！

看着我带头，学习委员也接招了：1元。

一下子，气氛活跃起来了，来自IT行业的技术总监老梁举了举手，仿佛参加真实的拍卖会一样，喊了一句：2块。

“2.5元”“3元”“3.5元”……叫价的声音此起彼伏。

出价到4.5元的时候，叫价已经极其接近5元的实际价格了，但如果游戏到此结束的话，意味着叫价4元的聂女士——某跨国公司供应链部门的高级经理——也要按照规则支付4元钱，作为叫价次高者的惩罚。为了避免这个惩罚，她不得不以5元的价格叫价试图购买这张5元纸币。

可游戏并未就此结束，出于同样的理由，刚才出价4.5元的老梁同学喊出了5.5元。这时，气氛变得有一些诡异，有些同学露出了看戏的神情，有些把手握成拳头放在鼻子前，陷入思考。

“6元”“6.5元”……“9.5元”“10元”……

最终，聂女士以17.5元获得了这张5元纸币，而老梁则按规则支付17元给我们敬爱的女教授。

02<<

聂女士和老梁平时并没有什么不对付，当然也没过多的交情，我们都是一个MBA班的同学，只是在中午休息的时候一起吃过几顿饭而已。不过，在这场拍卖游戏中，聂女士净损失为12.5元——拿到了一张崭新的5元纸币；老梁不仅净损失17元，而且啥都没有得到；而我们的女教授却仅仅是付出了一张5元新钞，却净赚了

29.5元，一顿还不错的午饭钱轻松搞定了。

这个结果让第一次接触该游戏的我们大跌眼镜。事后，女教授带着我们复盘该游戏。聂女士表示，当叫价达到5元时，自己不愿损失，心里一直期望老梁放弃。而老梁也觉得自己当时存在侥幸心理，期望自己叫价后聂女士能知难而退。

结果大家都看到了，他们两人互相抬价，本想迫使对方离场，最后却双双遭到了损失。两人在这个竞价的泥潭中越陷越深，直到老梁发挥绅士风度，果断地在聂女士喊出17.5元的时候中止了这场无休无止的竞价游戏。

女教授让其他参与者发言，大家纷纷表示，一开始只是觉得有趣，但越到后来越发现这其实就是一个坑，但当身在坑中的聂女士和老梁发现时已经没有办法全身而退，只能通过加价博弈让对方退出。

的确，每个人都可能有这种念头，结果价格攀升，参与者更后悔，最后只有等哪一方率先恢复理性，这个游戏才得以结束。

03<<

实际上，这个让参与者痛苦却上瘾的5元钱拍卖游戏已经在地球上被玩过无数遍了。最早将该游戏设计出来的人是耶鲁大学博弈论专家马丁·舒比克，他以这个“1美元拍卖陷阱”在哈佛大学、耶鲁大学等世界顶级名校进行了多次试验，最后的结果经常是以

20~66美元的价格竞拍出去。

所以，从这个结果来看，17.5元购买5元纸币看来并不算太过吃亏。

不过，包括我们的两位同学（一位技术总监、一位跨国公司高级经理），他们和其他参加过这个游戏的人基本上是智商过人之士，却无不落入舒比克教授的陷阱中，其中到底藏着什么道理呢？

经济学的一个原理给了我们一定的启示。在经济学中有一个概念叫“沉没成本”（Sunk Cost），也就是指发生在以往，但和当前的决策并不相关的费用。

正如我们在上一小节讲过的概念，由于每个人的心里都有“损失厌恶”的倾向，所以人们在决定是否去做某件事情的时候，往往不单考虑做这件事情的益处，而是还会去看之前在这件事情上有没有投入。

很多人之所以坚持看完一部烂片，是因为觉得自己已经投入了电影票和看了前半部分的时间成本；女孩子不愿意放弃一个负心男，也往往是由于自己已经在他身上浪费了几年大好的青春；而大多数股民也会因为觉得卖出已经下跌的股票就是承认失败，所以，即使股票一直在下跌也仍旧不舍得抛出止损。

同样，如果你去过迪士尼乐园或者环球影视主题公园，你会看见游客们经常排着长队，花费60分钟甚至120分钟的时间，去坐仅仅3分钟左右就结束的游乐项目。其实，不是人们傻，而是这些排队的路线都经过了游乐场设计师的巧妙设计——游客看到自己在往前移动，每次转弯都觉得应该快到了，但这次转弯后又是下一次转弯，既然已经排了那么长时间了，那么就再坚持一下，总会排到的。

对此，2001年诺贝尔经济学奖得主约瑟夫·斯蒂格利茨一针见血地指出，就算经济学家也往往忽略成本。

他在《经济学》一书中写道：“如果一项开支已经支出，并且不管做出何种选择都不能收回，一个理性的人就会忽略它。”

04<<

沉没成本让人仿佛上瘾般不愿主动放弃，明明知道事情可能的结局，却依旧抱着侥幸心理，以致让伤口持续出血，甚至到最后输得一败涂地。

如何清醒思考，克服人性的弱点，正是我们升级自己的认知，将思想跃迁入更高领域的必经之路。

于是，美国投资界总结出了一个简单而有效的法则——“鳄鱼法则”。

鳄鱼法则非常形象地给你展现了一幅图景：如果有一只鳄鱼咬住了你的脚，你下意识地用手去试图挣脱，鳄鱼就会同时再咬住你的手；你越挣扎，被咬住的部位就越多。所以，如果你发现你的脚被鳄鱼咬住了，最佳策略就是牺牲你的那只脚。

理解了这个法则，下次当你遇到烂片、遇上负心人，买入不符合自己预期的股票时，发现自己在游乐场排队排错时，你的这个认知就很可能及时地出现在你的脑海里，成为你的“免疫技能”，使你避免落入沉没成本陷阱的风险。

05<<

你收获的新知

从一个拍卖5元人民币的故事开始，你理解了舒比克教授设计的“1美元拍卖陷阱”是怎么一步步让人陷入的，最终让人以远高于纸币价值的价格去购买它。

同时，我们还了解了沉没成本会触发人们损失厌恶的情绪，不愿意轻易放弃过去投入的成本，做出及时中止损失的行动。

最后，我们还学习了美国投资界的“鳄鱼法则”，当我们发现自己的脚被鳄鱼咬住，最佳的策略就是牺牲那只被咬住的脚。

那么问题来了，如果现在立刻让你参加一次5元人民币的拍卖游戏，你的策略是什么呢？你可以先思考一下，我会在本章的最后一小节给出答案。

3.4 盲盒心理：不确定的奖励让你沉迷

游戏是怎么让人不断登录或者立刻付款充值的？

什么是游戏的“吸血”机制？

为什么说“吸血”机制的本质是利用人们的稀缺心理？

01<<

如果你是《某葩说》的“铁粉”，相信你一定在第五季中听过这个名字：某室战争队。

不得不服，以品牌名作为战队名称，然后在辩论比赛中被多次提及，的确是一种非常有效的广告洗脑术。再加上“宝岛辩魂”黄执中这一大IP作为导师带队，以“搞定你，最多3分钟”为核心文案，给你一种投入时间不多就能轻松来一局的心理暗示。

这3大营销心理说服术组成一套连招，终于攻破了我最后的防线，驱使我这个多年不玩游戏的人乖乖安装了这款游戏 。

我对这款游戏很感兴趣，于是就在网上做了一下调查。原来，这个看似简单的即时战术游戏上架短短两三年，收入就已达20亿美元，实在不容小觑。

认真体验了几天之后，我更加觉得这款游戏的成功绝非偶然：它的“套路”很深，存在很多让用户上瘾的核心秘密。

02<<

传统手游吸金方法很单一，无非装备、等级、皮肤三条主线，但转化付费需要用户活跃，这一问题倘若无法解决，作为玩家的你又怎么可能乖乖氪金（原为“课金”，指支付费用，特指在网络游戏中的充值行为，是游戏行业里一种流行的说法）呢？

《某室战争》游戏用的招数就非常讨巧。它不是简单粗暴地引导你进入游戏商城，让你付费购买稀有的兵种卡片，而是向你展示——你有四个宝箱空位有待填充，总计可以放进四个宝箱。当你每局获得胜利后，系统会送你一个黄金宝箱或者白银宝箱。而想要打开这个宝箱，除非使用须付费充值才能大量获得的绿钻，否则必须等待8小时（黄金宝箱）或3小时（白银宝箱）的现实时间。

当然，同一时间之内你只能找开其中的一个，随即启动倒计时。

这种机制的产品设计表面上看似是在善意地提醒用户：可以选择停下3小时或8小时休息休息，实际则是一种非常高妙的“吸血”机制。

这是为什么呢？

因为当你开启倒计时一个宝箱后，被告知只有两种选择：要么选择等待3小时或8小时，然后上线开宝箱；要么花费需要付费充值的绿钻，迅速结束倒计时，从而立刻打开宝箱，拿到里面的兵种卡片资源。

这种锁定用户行为的设计是不是让你想起了“煎饼果子加一个蛋还是两个蛋”的故事呢？没错，这就是成交技术中的“默认选项成交术”，只是隐藏得非常巧妙而已。

但这还不是重点，如果你选择了等待，你会怎么做呢？你很可能会像大多数人一样，差不多到了点就选择上线，打开你的宝箱，但是空出的一个宝箱位会让你心里不太舒服（具体是什么原因导致这种不舒服的感觉，我们会在后面章节里详细讨论），那就玩上一局呗。

你有约50%的概率打输一局，这会促使你继续玩第二局。而你赢了又会如何？一个宝箱空位会在你打赢游戏后被系统赠予的宝箱填上，但胜利的快感会激发你再来一局！恭喜你，成功地为积累这款游戏的用户使用时长做出了贡献！

而如果你选择使用绿钻，迅速结束倒计时又会如何呢？恭喜你，成功地为这款游戏的收入做出了贡献！

03<<

这就是这套“吸血”机制的厉害之处，它会让你无论如何都为其花钱花时间！

实际上，早在2011年，游戏设计师们就已经发现了这个秘密。亚当·舒尔茨曼曾在他的博客中表示："游戏设计师逐渐发现，如果要让玩家等待4小时，这些人里面就会有人愿意花1美元来迅速缩短等待时间。"相反，如果要让玩家支付1美元，这些人里面就会有人愿意等待4小时后再次上线。

这种设置让珍惜时间的人觉得，为了节约4小时，我只要花费1美元就能实现，我的这个决定不错，因为我的时薪远高于0.25美元。同时，这也让不看重等待时长的玩家认为，你看，我只要忍一忍，4小时后再玩，就相当于节约了1美元。

这种互抬身价的手法营造了宝箱的稀缺感，这种稀缺恰恰是人们心中对一项物品的价值判断，这项物品是实体还是虚拟则变得无关紧要了。

在现实生活中，再好吃的牡丹虾，如果让你天天吃，你都会倒胃口；再普通的剩饭和白菜豆腐，在饿极了的人眼中也是"珍珠翡翠白玉汤"。甚至有人戏称，饿一顿（吃饭）是"米其林一星"（口感），饿两顿是"米其林二星"，饿三顿则是"米其林三星"。

这就是稀缺的力量——稀缺给人以价值感，稀缺让人珍惜，稀缺让人不忍舍弃。

04<<

同样，当年帮助《魔兽世界》成功打开市场的法宝之一，就是它的双倍经验机制。如果你的角色在你离线期间“身处”旅馆或者主城里，那么你再次上线后，就能获得相当于真实离线时间的双倍经验。

当然，这种用来“打怪”升级的双倍经验也并非毫无限制，它最多让你享受升一级的经验条后，就宣告结束。

但是就像前面说的那样，双倍经验只有角色在旅馆或主城里待着，下线才能触发。所以，无论是进城还是上线后的出城，都会损耗用户在游戏中的时间。这种操作不仅增加了触发双倍经验的仪式感，而且因为必须有一定投入才能获得奖励，所以更增加了获得物的价值感。

电商给优惠券也是一个道理。有些平台优惠券发得太过廉价，用户的账户里有大把已过期的优惠券，这样自然不能触发人去使用它们的欲望。

而一些高明的平台则会把优惠券发得很有价值感。比如，一些知识付费平台规定：只有在规定的时间内登录APP学习的用户，才有资格在后台获得一张满50.1元立减50元的优惠券。用户在获得该优惠券后自然会产生荣誉感，然后在这张大额券过期前找到自己中意的课程，迅速把它用掉，以避免自己的投入付之东流。

05<<

你收获的新知

从当下的热门游戏入手，我向你介绍了游戏中锁定用户行为的

“吸血”机制，这种机制会引导你要么选择在固定时间去打开游戏，要么就直接付款充值。

同时，你还理解了“吸血”机制背后的本质是人们的稀缺心理，稀缺心理会让我们不由自主地想珍惜来之不易 的获得物，然后你就会一步步落入产品经理为你设计好的“剧本”里。

最后，我们再来看一道思考题：下面几个，哪个选项利用了你的稀缺心理?

A. 面试时设置的关卡超过7关

B. 日常买菜时买39元立减20元

C. 游戏APP每天签到领钻石币，限前1000人

选出你认为正确的选项，我将在本章的小复盘中为你揭晓答案。

3.5 小复盘：“入坑”，轻松开始的代价

无论你多么谨小慎微，一款能让人行为上瘾的产品总会有一个轻松无比的开始，然后诱惑你逐渐“入坑”。你投入一定时间成本或者金钱成本之后，你就舍不得放弃，并且还会用一些相对稀缺的事件促使你投入更多。

想要清醒地思考并真切地认识这个过程，我们可以把它们复盘、梳理为连环计式的四大逻辑。

01<<

登门槛效应

还记得弗里德曼教授做的实验吗？这个实验先是要求主妇在自家窗户上挂一个小招牌，一段时间后再要求其挂一个更大更丑的招牌，成功率可以高达50%；而如果直接要求对方挂这个又大又丑的招牌，成功率仅为20%。

是的，当你接受了别人一个微不足道的小请求时，为了避免认知上的不协调，又或者期望给别人前后一致的印象，你就很有可能

接受其后更大的请求。

不难想象，我们现在所接触的移动互联网产品几乎都是这种模式，因为不遵循这种模式的产品，几乎都因为无法实现用户规模、获取现金流而被淘汰。

所以，如果你接到一个声音温柔的客服小姐打来的电话，说要免费赠送你3个月流量，每月30G。这可能不是骗子，这只是为了让你试用其公司的流量服务。3个月后，你已经习惯了大手大脚使用流量，于是，就再也离不开这项服务了。

“一分钱看一个月视频大片”也是同样的道理，经营者并不是想要挣你这一分钱，而是更看重你这个用户以后能带来的后续价值。这在游戏推广上也同样适用。

新游戏在初期都会给你7天的登录福利，每项福利都让人垂涎欲滴，而7天后就算没有这些福利，你还是会继续玩它，因为登门槛效应和损失厌恶效应让已经投入7天时间的你舍不得卸载这款游戏了。

02<<

损失厌恶

情景一：你在游戏中获得了两个宝箱，一个打开后增加500金币，一个打开后让你损失400金币。

情景二：你在游戏中获得了两个宝箱，一个打开后增加10金币，一个打开后让你增加90金币。

同样是获得100金币，以上两种情形，哪种让人更高兴？

你告诉自己你是个理性人，但为什么明明结果一样，第一种情形反而让你感到有一点难受呢？

让我们来复习一下损失厌恶这个概念：人们痛恨损失，面对等量的收益和损失时，人们更在意损失，获得100元的快乐无法抵消损失100元的难受。同理，尽管总体获得100金币，但先获得500金币，又再失去400金币，不舒服的感觉甚至会超过获得所带来的快乐。

所以，人们从骨子里厌恶损失。就好像为了不浪费3个“已完成”的图章，我儿子就算生着病也要坚持把课程上完；为了避免损失1分钱购买两件商品的机会，用户会一轮接着一轮上瘾般购物；为了挽回预售阶段的1元钱损失，心理开关被触发的用户往往逃不过“倒数日发售”这种组合策略的“收割”。

想要避免陷入损失厌恶的认知偏差，你需要理解什么是沉没成本。

03<<

沉没成本

沉没成本就是虽然发生在以往，与当前决策无关，却往往让人过分眷恋的费用。如果你记忆力还不错，你一定记得那个让人“讨厌”的游戏，居然可以把一张5块钱的人民币卖到17块5毛钱，价格翻了3倍不止。

而倘若现在，让你穿越到这张5元纸币刚刚开始拍卖的那一瞬间，你会选择怎么做呢？我猜你可能会跑上来就叫价4.5元，把所有人镇住，这样一来，由于不存在第二高的喊价，所以你认为虽然赚得不多，但好歹比17.5元买下它来得高明，对不对？

如果你这样想，你可能高估了人们的理性程度。因为在世界范围内重复玩这个游戏时，的确总是有“聪明人”采取了这个策略，但却总是被不明所以的“搅局分子”喊了更高价格，以至于分分秒秒陷你于“次高喊价”的境地。此时此刻，沉没成本已然出现，如果过分眷恋，继续恋战，会让你一错再错，重蹈那些“聪明人”的覆辙。

既然沉没成本一旦产生就容易使人产生恋战情绪，那么最好的对策是什么呢？

显然，最优选择是尽可能“避免入局”，憋住，别喊价，一次都不。

如果你发现自己已经身处局中，那么，“鳄鱼法则”将是你的最佳选择。是的，如果你发现自己的脚被鳄鱼咬住了，最佳策略就是牺牲你的那只脚。同理，如果你发现自己之前因喊价已经身处局中，而且已造成了沉没成本，那么请深呼吸几次，默默地将自己调整到佛系状态，去坦然地接受它，沉默应对沉没成本，阻止自己继续喊价。

04<<

稀缺心理

稀缺心理是消费心理学中“物以稀为贵”引起购买行为的原理。在本章第四小节的最后，我留了一道思考题：下面哪个选项利用了你的稀缺心理？

A. 面试时设置的关卡超过7关

B. 日常买菜时买39元立减20元

C. 游戏APP每天签到领钻石币，限前1000人

选项A是我们经常在一些老派外企或者明星公司看到的情形，它们难道是为了折磨候选人，才设置那么多道关卡的吗？实际上，这些负责招聘的HR个个都是心理学高手，为了检验应聘者的水平，设置道道关卡，增加你进入公司的难度，让你在面试过程中过五关、斩六将，披荆斩棘、历经磨难，这样得到offer（录取通知）的你才会更加珍惜。不仅如此，更高的门槛还可以起到筛选人才、吸引优秀人才注意力的作用，让他们蜂拥而至，升级“打怪”般冲到大boss（老板）跟前，展现自身出众的能力。

选项B我们可能在一些买菜APP里看到过，但这项营销措施并不太成功，原因在于没有稀缺性。使用类似策略的企业365天中，几乎有360天把促销信息挂在那里，虽然对新客来说，这样的确有一定吸引眼球的功效，可以带来一定的流量，但这种日常优惠行为会使用户觉得今天来和明天来都一个样，这样的营销方式自然与

“稀缺效应”不沾边。

选项C则是典型的“数量稀缺”。由于数量有限，人们就会像苹果发布新手机的晚上通宵排队那般，一大清早睁开眼睛，率先登录游戏APP，抢夺前1000人领取钻石币的名额。

所以，这个关于稀缺的答案并不难，答案是A、C。

05<<

清醒思考

总的来说，行为上瘾原理之二——轻松“入坑”，它的本质是用一种非常轻的模式带你入门槛，开始使用一种产品，然后通过产品化运营，不停地督促你增加在这款产品上的时间或金钱投入，利用“损失厌恶”心理让你产生与产品之间的黏性。当你的投入达到一定量级时，由于沉没成本的存在，你离开产品的难度就会逐渐增加，再之后，利用“吸血”机制与稀缺心理这种组合搭配，让用户使用产品或付费购买产品。

Part 4

行为上瘾原理之三：

即时反馈，让你停不下来的魔力

4.1 即时反馈：是什么让你 1 分钟看一次手机

猜一猜，你的智能手机一天会被你解锁几次?

为什么说无回应之地，即为绝境?

为什么我们发朋友圈后会忍不住地不时打开手机，看看有多少人点赞或评论?

01<<

如果你在地铁上观察周围的人，会看到几乎人人已经成为低头族，不仅是上班族和学生，就连大爷大妈也不例外，他们中大一部分人都在不停地刷朋友圈。

如果你看到朋友圈“发现”按钮的右上角出现了带数字的小红圈，你会不会也和大多数人一样，火急火燎地去点开，看看谁给你点了赞或留了言?

如果你恰好看见某个微信群里有人@你，就算你正在处理一件非常重要的事情，你是否也会立刻停下来点开这个群，看一下对方到底和你说了什么?

我身边有很多人就忍受不了微信里有未读信息，他们几乎每隔几分钟就要解锁一次手机，看看有没有最新的消息需要处理。

请相信我，这样的情况并不是个案。2016年的一项关于中国智能手机使用情况的调查显示，一般用户平均每天解锁手机的次数为122次，而对极端用户而言，这个数字更加恐怖——竟然可以高达850次！

为什么这种行为上瘾的程度会如此之深呢？

事实上，从本质上来讲，产品经理设计这些APP的目的就是牢牢吸住人们的注意力，让用户把时间花费在这里。这些巧妙设计的背后，利用的就是人类固有的对即时反馈的强烈心理需求。

02<<

为了帮助你理解我们人性中对这种即时反馈的心理需求，这里要介绍一下心理学家赫洛克做过的一个实验。

赫洛克当时把他的受试学生们分为四个小组，让他们在不知情的情况下，按不同的反馈情境去完成任务。

第一组为表扬组。每次完成任务后，实验人员都会使劲表扬这组的学生。

第二组是批评组。无论这组学生任务完成得如何，实验人员都会批评他们。

第三组是被忽视组。这组的学生完成任务后既不被表扬也不被批评，只让其静听其他两组受试者接受表扬或批评。

第四组为控制组。把他们与前三组隔离，不予任何评价。

在四种完全不同的策略下，赫洛克开始观察他们从第一天到第五天的平均成绩，结果让他很满意：

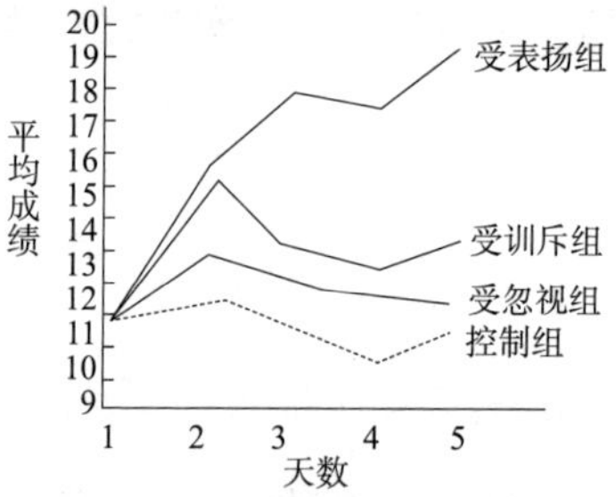

实验结果显示，成绩优异的是表扬组，批评组的表现也要好于被忽视组，控制组表现最为糟糕。赫洛克通过这个实验向全世界人民宣告：**就算是负面的反馈也要好于没有反馈**。

无独有偶，弗洛伊德也在他的著作《性学三论》中说过一个类似的故事：

一个年幼的男童在一间漆黑的屋子中大喊：“阿姨！请和我说说话！这里太黑了！我好害怕！”

阿姨回答说：“这样做没有用，你又看不见我。”

男童回答说：“没有关系，有人回应就有了光。”

有人回应就有光，没人回应就是深深的黑暗。

无回应之地，即为绝境。

03<<

这里还有一个实验，能更进一步解释朋友圈点赞为什么让人如此着迷。

心理学家斯金纳特别喜欢拿动物做实验，他发明了一种专门用来观察小白鼠行为的斯金纳箱（Skinner Box）。在这个当时看来非常复杂的装置中，饥肠辘辘的小白鼠可以通过按压一块金属小板，获得一次食物。

刚开始的时候，饥饿的小白鼠每按压一次金属板，都能得到掉落的食物，这个反馈让小白鼠学会了按按钮，并且让它感觉到“行为”和“奖励”是有某种内在联系的。当然，斯金纳调整了设置后，当按压金属板不再掉落食物时，小白鼠的按压行为也会逐渐消失。

斯金纳觉得这个结果还不能说明问题，于是又换了一种玩法：将食物的投放与小白鼠每次按压金属板的关联从开始时的百分百完全相关，换成一定程度的随机概率相关。实验发现，随着概率的逐步降低，甚至低到需要按40~60次才掉落1次食物时，小白鼠非但不会停下按压行为，反而会发了疯似的不停按按钮。

为了证明实验结果的普适性，斯金纳又把实验的对象从老鼠换成鸽子，最后结果证明，斯金纳箱也同样能改变鸽子的行为，鸽子每秒会做出2~3次行为反应，而且这种行为可以持续15小时不停歇。

无论是老鼠、鸽子还是人类，其大脑的运作机理其实是差不多的。实际上，我们发朋友圈的行为，完全可以被视作斯金纳箱中的小白鼠按压了一次金属板，而来自朋友们的点赞或评论，则好比箱子投放出来的食物——是给我们的大脑的奖励。

很显然，我们发的内容肯定不可能得到百分百的反馈，点赞或者评论必然也是随机性的，这取决于朋友是否正好看到这条朋友圈，或者看到后他是否选择做出反馈。而即使获得回应的概率极低，这种奇妙的反馈依旧会改变我们的行为，促使我们发朋友圈后不停看手机，看看有没有朋友点赞或评论。

04<<

实际上，在我们日常使用的手机应用APP当中，不只是微信植入了这种斯金纳式的反馈机制，外卖、新闻、阅读或音频类APP上都有类似的反馈机制。这些APP有的是积分，有的是代金券，还有的是阅读或收听时长打卡，或每日签到的福利，甚至还有的直接给现金红包，这些都会让我们产生行为上瘾。

当然，从积极的角度来讲，斯金纳的实验还解释了我们健身时为什么花钱雇佣一名教练是值得的。因为自己在一开始投入运动时，运动产生的多巴胺并不足以让人产生一种被奖励的满足感，而教练在一旁的鼓励呐喊甚至批评责骂都是一种即时反馈，会让我们已经筋疲力竭的身体再次继续下面的运动。

05<<

你收获的新知

赫洛克和斯金纳的实验帮助你理解了生物对即时反馈的强烈需求，任何即时反馈都能有效改变你我的行为，让我们上瘾。因此，理解了这些后，我们再回头看看地铁、公交车上的“低头族”们，看他们时不时地刷新屏幕、浏览朋友圈……我们就会明白——这一切都是情有可原的。

4.2 迷恋小概率事件：到底有多少人可以靠老虎机“一夜暴富”

猜猜老虎机对赌场的收入贡献是多少。

什么是“迷恋小概率事件”？

老虎机的4种反馈机制如何牢牢吸引住赌客？

01<<

你去新加坡、中国澳门旅游过吗？如果有，那你有没有去当地酒店里的赌场试过手气呢？

著名财经作家吴晓波曾经在节目中提到，他的两个朋友每次进入赌场前，由于担心自己赌博上瘾，所以都会把自己大部分的财物交给对方，自己只留少量的筹码在身边。然而，很快，他们就输光了这些筹码，然后两人不约而同地在赌场里寻找对方，拿自己的钱交换更多的筹码……

的确，我们与赌场的接触很少，甚至仅仅是在电影上看到过。在我们看来，赌场就像是一个“消金窟”，有大量的赌博游戏，如

21点、俄罗斯转盘、德州扑克等，轻轻松松就能把赌客手上的筹码赢走。

但你可能不知道的是，以上提到的这些赌博游戏的“吸金效率”远远比不上一种不起眼的赌博设备——老虎机。

02<<

1895年，查理·费发明了一款有老虎图案的机器。他怎么都不会想到，这款后世被称为老虎机（Slot machine）的设备，会成为无数人为之疯狂的赌具。

老虎机的使用非常简单，无须别人的指导，只要把筹码投入投币口，接着拉动一侧的手臂，老虎机玻璃框中的图案就会疯狂地旋转，而当旋转逐渐缓慢并趋于停止时，只要出现特定的图形（比如说3个“7”），机器就会吐出大量的代币，这无疑会促使玩家的大脑分泌大量多巴胺，同时也会让站在一旁围观的人跃跃欲试，也想要试一把。

不仅如此，老虎机最刺激的地方在于，机器的顶部一般会配备一个累计奖金池，当玩家拉到一次大奖的时候，奖金池里的所有奖金全部归你，让你产生一种只用少量的筹码就能以小博大的错觉。

03<<

正是因为这种以小博大的错觉，造成了一幕幕人间悲剧。

一个早晨，52岁的斯科特与结发妻子斯苔西拥抱后出门，妻子本以为丈夫会去参加一个面试，但没想到的是，斯科特径直开车驱往35公里以外的赌场。

在赌场的自动柜员机前，他取出了银行卡余额中最后的13400美元，走向了自己最爱的老虎机。4小时后，斯科特输掉了13000美元。带着最后的400美元，他离开了赌场。

在一张桌子上，他给完全不知情的妻子写了一封长达5页的信，详细地说明了自己的财务情况，以及他是如何在最后这段时间里输掉自己的养老基金，输掉了女儿的大学基金，又是如何刷爆了自己的信用卡。

最后，在信的末尾，斯科特请求妻子火化他的遗体。做完这一切后，他掏出一把猎枪，结束了自己的生命。

无独有偶，37岁的英国人胡思英·亚曼同斯科特一样选择了自杀。在某个周日的晚上，胡思英·亚曼于伦敦东部的一家购物中心玩老虎机，短短数小时内就输掉了25000英镑。他接受不了这样的现实，于是萌生了自杀的念头，第二天早上被人发现自缢于家中。

为什么老虎机对赌徒的吸引力会那么大？为什么他们宁可冒着一无所有的风险也要去玩？

04<<

要解释上面有关老虎机的“灵魂三问”，我们先来了解来自2002年诺贝尔经济学奖得主丹尼尔·卡尼曼的前景理论（Prospect Theory）。前景理论中有一个人类决策模型，它被称为“迷恋小概率事件”。

什么叫“迷恋小概率事件”？

和我们在第三章中讲到的“损失厌恶”恰恰相反，迷恋小概率指的是当我们的投入极小，但收益巨大时，人们的决策偏好就会发生大逆转，从风险厌恶转变成偏好风险。

比如，双色球彩票只要投入2元钱就有可能赢取500万元的大奖，尽管其中奖的概率只有1700万分之一，相当于你每天乘一次飞机，连飞8200年遭遇一次飞机失事的概率。但由于投入实在太小，一注只需要花2元钱，用一点点的投入就能换取一次实现“一夜暴富”的机会，因此，吸引人们不断地给自己“造梦”，幻想有一天自己能成为那个上天眷顾的幸运儿。

就像我们经常听到的彩票广告：“彩票奖金就是你的存款，只不过你忘了密码，每次输密码需要2块钱。”

05<<

了解了“迷恋小概率事件”的决策模型，让我们再回到老虎机的话题。老虎机的吸引力恰恰在于以小博大，让你每次用一枚筹码（10美元）的投入换取赢得奖金池里所有奖金的机会。

不仅如此，在此基础之上，老虎机还有四种牢牢吸引用户乖乖坐在同一台老虎机前的反馈机制：

第一种，声乐刺激。人是感官动物，使用老虎机时，会重复投币、拉杆等一系列动作和带有节奏感的电子乐音，这些反馈都很影响人的情绪，虽然10次的投币可能只有1~2次有所产出，但中小奖时，伴随着老虎机发出的音乐刺激，足以放大赌徒赢了小奖后的快感，鼓励你投入更多的筹码，继续游戏。

第二种，免费餐饮。连续输钱无论对谁来说都是一个巨大的打击，可能会导致赌徒愤而离场，降低老虎机的利用率。为了保持上机率，赌场会安排漂亮的服务生以“幸运大使”的身份去给处在崩溃边缘的赌徒赠送免费的饮料、餐券甚至代币，这无疑会抚慰他们受伤的情绪，激励赌徒们重振旗鼓，再次开战。

第三种，数据助推。“幸运大使”虽然是一个绝妙的主意，但是这需要一定的人力成本，而且判断赌徒是否处于崩溃边缘还需要一定经验。现代的大数据技术提供了一个完美的解决方案——通过统计和算法，大数据能预测哪位赌徒很快就要离席了，这时机器会给予将要离席的赌徒一个中等强度的积极反馈，让他中一次奖。这种“留客”的效率比“幸运大使”的方式高了不止一个数量级。

第四种，沉没成本。老虎机的奖金池之所以以醒目的数字立在机器的顶部，就是要激发赌客对沉没成本的厌恶。由于赌客每次投入筹码都会立刻增加奖金池的数字，这让他每当内心生出离开的想法时，就会由于舍不得已经投入的大量沉没成本而打消离场的念头，告诉自己再坚持一下，说不定下一次就能把老本博回来。当然，也正是由于这种心理机制，才导致了诸如斯科特与亚曼这样的悲剧。

06<<

你收获的新知

老虎机之所以会成为赌场里杀手级的设备，为赌场带来大量的收入，正是由于它完全符合前景理论中“迷恋小概率事件”的决策模型。也就是说，当我们的投入极小，但收益巨大时，人们的决策偏好会发生大逆转，从风险厌恶转变成偏好风险。

同时，我们还了解了让赌客乖乖久坐在同一台老虎机前的反馈机制，这些反馈机制让每一个沉溺其中的人都无法自拔，在上瘾的路上一去不回头。

清醒思考，方能不被左右；认清结局，拒绝诱惑。一如反驳那句混淆逻辑的广告词：“彩票奖金就是你的存款，只不过你忘了密码，每次输密码需要2块钱。”但很遗憾，每次输入错误，密码就会变换。

4.3 差点就赢："再来一次就抓到娃娃了"

为什么人们宁愿花更多的钱去抓娃娃，而不是在淘宝上买一个便宜又美观的玩偶？

为什么打麻将"听牌"的时候会让人感觉很兴奋，就算输了也有很强的动力去玩下一局？

为什么过来人喜欢说：恋爱就像放风筝，不能抓太紧？

01<<

很多大城市的商场里都有抓娃娃机，如果你仔细观察，就会发现，一台机器平均要进行15~20次投币，才能吊到一个菠萝大小的玩偶娃娃。按照每次投币两枚，每枚币花费1元来计算，吊到一个娃娃大约要花费30~40元的成本。

而如果你自己直接去淘宝购买，不仅花的钱更少，而且还能挑选到式样更好看、更大的娃娃。所以，基于这个反经济学的现象，就引出了一个非常有趣的话题：为什么我们宁愿花更多的钱去抓又小又未必特别喜欢的娃娃呢？

很多消费者说，其实抓娃娃不只是为了里面的玩偶，更多的是享受抓娃娃的整个过程。当然，如果能用网络视频里“技术大神”们抓娃娃的方法，用更少的币抓到更多的娃娃，那就更有成就感了。

02<<

为了这种成就感，你一个个搜索并看完这些教你怎么抓娃娃的视频，感觉自己基本掌握了关键的诀窍后，就自信满满地来到游乐中心，期望能在人前露一手。按照视频里面的方法，你开始小心翼翼地移动机器钩爪。钩爪停下后，你又从多个角度确认它的确已经到达指定位置。你觉得这次成功的概率极大，于是深吸一口气，重重地按下按钮。

钩爪开始下降，它准确地落在娃娃正上方，三个钩爪瞬间抓牢娃娃，缓缓地升起。但此时你仍旧不敢松懈，右手依旧紧紧地按住按钮，仿佛你用的力气越大，钩爪的抓力也就越强。

近了，更近了！娃娃即将到达洞口！正当你感觉这次就要成功时，钩爪却突然松开，娃娃在洞口边缘的塑料挡板上停了一下，然后又掉了回去。

你不甘心，心想可能是我的位置还有问题，而且刚才“甩爪”的核心技术还没用上，再来一次应该可以！于是你再次发起尝试，然后是第三次、第四次……当你终于如愿以偿，在围观人士热切眼神的共同瞩目下抓到娃娃时，你已经抓了23次。

23次，学了视频比不学还糟糕，这是什么道理？

事实上，如果你去追溯视频的来源，最后很可能会发现，视频的上传者其实是游乐中心的推广专员。他们把“方法”教给你，给你制造一种用技术就能成功的期待，然后通过机器的设置，促使你产生每次都只差一点点就能成功的感觉，这种感觉牢牢地套住你，让你心甘情愿地为其花钱。

03<<

为什么“差一点就赢”的感觉对人的影响会有那么大呢？

美国畅销书《普鲁斯特是神经学家》的作者、《纽约时代周刊》特约撰稿人约哈·勒海尔在他的文章中介绍过下面这个实验：

科研人员设计了一个针对老鼠行为的实验，实验的装置类似于一个啮齿动物界的赌场。装置上方有三盏灯，老鼠可以通过按压杠杆来实现一次“赌博”行为，只要三盏灯同时亮起来，老鼠就“赢”了，胜利的奖品是一小团食物。

而如果老鼠没在三盏灯同时亮起时按压，就会“输”，失败的代价是时间惩罚，灯会全部熄灭，要等上几分钟灯才会重新亮起来，下一轮游戏才能启动。当然，对老鼠来说，失败是最痛苦的，等待它的是焦虑和煎熬。

实验的结果非常有趣。老鼠熟悉了这个游戏之后，会在三盏灯同时亮起时表现出按压杠杆的反应。但让人意外的是，在只有两盏灯亮起来时，老鼠居然也会去按压杠杆，在实验人员给老鼠注入多巴胺药物（如苯丙胺）后，这种倾向更明显。

研究人员分析，老鼠的这种反常反应是因为大脑兴奋，“差一点就赢”的状态对它的大脑的奖励回路具有强反馈。从多巴胺分泌的角度来说，“差点就赢”和“真正赢了”对生物大脑的激励作用是类似的，两种情况都能非常有效地刺激快感中枢，从而引发老鼠做出行动。

04<<

同样的情形也会出现在两性关系中。很多人觉得男女之间还没确定关系的暧昧期很让人回味，不比真正进入热恋期的体验逊色，这种反应同样是由于人的大脑无法分辨“差点得到”还是“真正得到”对方所造成的。

很多过来人会告诉你：恋爱就像放风筝，不能抓太紧。所以，在对方还没那么爱你的时候，要想让对方“入局”，就要制造“还差一点儿才能得到你”的感觉。

抓娃娃机这种类型的游戏之所以如此设计，就是为了给你营造“差点就赢”的错觉——不停地调动你的希望，让你投入真金白银的同时保持对下次游戏的期待，从而一次又一次地投入更多的时间和金钱。

正因为受到市场的欢迎，抓娃娃机的出货量从当年的21.11万台上升到2017年的34.45万台，5年间增长率超过了10.65%。不仅如此，在线抓娃娃APP也自2017年开始井喷，成为了继共享单车后的小趋势风口，以及众多资本追逐的投资宠儿。

05<<

你收获的新知

在行为上瘾的原理中，人类大脑奖励回路对“差点就赢”和“真正的赢”都会做出积极的强反馈，两者都能非常有效地刺激快感中枢，激发大脑分泌更多的多巴胺，让不论是人类、啮齿生物还是其他生物都能持续行动，难以自控。

基于这个结论，在设计类似上瘾游戏时，有经验的产品经理都会刻意为用户在体验环节中营造“差点就赢”的感觉，把用户们负面的感知包装成正面的反馈，不停地调动用户的积极性，从而让用户保持对赢的期待，进而让其一次又一次地投入金钱和时间，并且乐此不疲，深陷其中而不自知。

4.4 随机奖励：不确定的“得到”为何令人兴奋

为什么有人为了集齐虚拟装备套装能连续奋战半年之久，不知疲倦？

什么营销策略会让用户在不太想喝奶茶时也买上一杯？

什么是“事件随机”的营销方案？

01<<

你过年时玩过微信红包接龙吗？这种接龙通常是群里有人喊一嗓子，说过会儿给大家发一个总额100元的红包，抢到红包金额最大的那个人也要发一个同样总额的红包，依次类推。

你点开红包，一个11.88元的数额映入你的眼帘，再一看，满屏幕的3.79元、5.65元、8.16元……你暗想：这下完了，马上要损失100元了。而当最后一个数额为12.33元的红包赫然出现在名单上时，你松了一口气，嘴角立刻扬起一道弧线，因为这个游戏还有另一个名字：第二名获胜！

公司的年会抽奖时也是这样：四等奖、三等奖、二等奖纷纷落幕，只剩下一等奖没抽了，大多数人的眼睛盯着大屏幕上不停翻滚的名单，有的人假装在吃菜，但仍旧竖着耳朵等待主持人的声音；有些人脚尖朝着门外的方向，却依旧扭身望向大屏幕……

终于，大奖揭晓！灯光亮起，有人扼腕叹息，有人放下筷子，有人穿上外套，有人已经走出大厅。

以上这些都是随机奖励的典型代表。随机奖励意味着只有少数人能得大奖，更多人只是陪跑。尽管是陪跑，在结果宣布前，绝大多数人却依然满心期待。

为什么随机奖励对人的吸引力那么大？在本章前面介绍的斯金纳的实验中，无论是小白鼠还是鸽子，只要每次按压小推板，都会有一定的概率赢得掉落奖励，所以，它们会疯狂地按压推板，直至精疲力竭。

在引起人们行为上瘾的随机奖励中，大致可以分为内容随机、数额随机和事件随机三种，无论哪种随机奖励，对人们都有极强的吸引力。下面，就让我们来一一了解它们。

02<<

首先，我们来说说内容随机。

小时候如果你买过一种“某干脆面”的食品，就很可能跌进过搜集卡片的“陷阱”中难以自拔。厂商很高明，他们请了专业的美术指导，绘制了没有版权限制的水浒系列108张卡片（对应《水浒》中108位好汉的角色），随机放进每袋干脆面里。

于是，很多人买干脆面不是为了吃，而是为了搜集卡片。甚至有人买椟还珠，买了干脆面只为了要里面的卡，把干脆面随便送人。更夸张的是，有的人甚至为了集齐卡片，出高价收购稀有卡片。一时间，这种干脆面在同品类商品中销量遥遥领先。

集卡这种营销套路现在还在使用。某网络制作公司出品的一款游戏同样将随机抽卡策略玩得炉火纯青。这款游戏将里面的人物设定为N级、R级、SR级和SSR级四种，其中最稀缺的自然是SSR级。每次玩家抽卡前都需要自己用手指在屏幕上画一个符，仪式感十足。有些一连几十次抽不到心仪卡片的“非洲酋长”玩家（表示手气差）会在网上反复研究，到底要画什么符、画得有多标准，才能增加抽到SSR级卡片的概率，并增加自己的“欧气”（表示手气好）。

著名的《魔兽世界》虽然不抽卡，但下副本（独立的地下城关卡）、刷史诗级装备却也是玩家们乐此不疲的日常活动。由于一些套装装备的配件分别存在不同的副本中，而推掉大boss，掉落该装备又是随机小概率事件，所以，一个玩家为了集齐史诗级套装的8个配件，甚至可以连续每周刷同一个团队副本，而且很可能刷上半年都还没有搜集齐。

03<<

数额随机。

微信与支付宝在支付端的竞争可谓白热化，为了抢占支付入口，各自的团队都在随机数额上动足了脑筋。

微信的随机玩法叫作“摇一摇免单”，通常每逢周末或节假日，使用微信付款就会出现这个活动。“摇一摇免单”最大的乐趣在于用户有机会获得全额免单——即使摇到的并非全额免单，用户也会摇到一个小额红包。这样做是为了鼓励人们再次消费，在下次的消费中使用已获得的红包，同时也能刺激用户，使其大脑产生欢悦的感觉。

而一旦有幸运儿真的摇到全额免单的机会，他们就会忍不住在朋友圈里或和好友聊天时炫耀一番，这样又反过来促使更多人在周末或节假日时主动使用微信支付。

而其竞争对手支付宝走的则是日常路线。它采用“一根蜡烛两头烧”的模式，给商家和用户双重补贴，每天每个用户可以领取的随机数额通常0.1~10元不等，每日限使用一次。虽然数额不多，但用户突然领取一次1.21元，和平时领到的一两毛钱相比，用户就会分泌脑内多巴胺。

不同于微信的是，支付宝在用户使用时还会给予商户补贴，这也鼓励了商家把支付宝红包二维码贴在最醒目的位置，从而鼓励和提醒用户使用。

除了日常红包之外，支付宝还与商户联合运营过一种“随机立减1元或10元”的策略，这种策略促使不少用户奔着“立减10元”

而来，在并不是特别想喝饮料的时候，为了参加一次抽奖活动而购买奶茶或咖啡饮品。当然，最终更多的人获得的是“立减1元”的奖励。

04<<

最后，我们再来谈谈事件随机。

2018年世界杯期间，华帝股份有限公司成为营销界的“黑马之王”。华帝在某报上刊登了整版广告，向所有消费者宣布：如果法国队夺冠，在6月1日0点—6月30日22点购买“华帝套餐”的消费者，一律按产品发票金额退款。

虽然华帝并不是世界杯的直接赞助商，但这一“事件随机”的营销方案一出，立刻让华帝成为各路媒体追捧的对象，不仅实现了数以亿计的品牌曝光量，更是让消费者争相购买华帝的产品。

更绝的是，尽管最终法国队夺得了冠军，华帝也的确按照承诺启动了“退全款”方案，但由于此次营销事件中华帝还试了其他的方案——在消费者接触现场设置了一个不参与“退全款”活动可以直接拿赠品的选项，这让不少消费者主动选择了后者。

在这种“事件随机”营销+“产品赠品”策略的组合攻势之下，最终，在华帝2.3亿的增量销售额中，仅有7900万元需要履行退款承诺。更何况，在这波营销中，华帝真正付出的也只是产品的成本价，却因此而获得了巨大的品牌曝光量。

05<<

很显然，随机奖励与斯金纳的实验结论高度一致。随机奖励的主要方式大致可以分为三种，它们分别是：内容随机——通常以随机给卡，让人搜集的方式呈现；数额随机——随机让用户全额免单或随机立减；事件随机——在特定事件发生的条件下触发诸如全额免单等优惠活动。

正如著名物理学家、科普作家万维钢所言："确定的失去，让人恐惧；不确定的得到，让人兴奋。"随机奖励的方式让消费者疯狂，在"不确定得到的兴奋"中欲罢不能。当然，运用随机策略的商家也同时因此而获得了令人瞩目的业绩。

4.5 小复盘：这些设计让你停不下来

“无回应之地，即为绝境”——心理学家武志红的这句话把人类对反馈的需求进行了高度的概括。

人们从内心深处渴望反馈，于是朋友圈成了最容易得到反馈的入口；人们迷恋小概率事件的巨量反馈，因此赌徒让老虎机“吃掉了”自己的家庭幸福甚至宝贵的生命；“差点就赢”犹如“真正的赢”一样，不停地刺激你的大脑分泌多巴胺，于是抓娃娃机让你明知付出很多，却依旧不停尝试；不确定的得到让人兴奋，所以随机奖励让人欲罢不能。

本节是我们第四章的小复盘，我将用更多的内容来帮助你理解和巩固“即时反馈”对上瘾行为的操纵。

01<<

斯金纳箱式的反馈

在本章的第一小节，我们讲了在斯金纳箱里饿昏头的小白鼠和鸽子为了让食物掉落而去反复按压推板，当把掉落的频率调整为按

40~60次时，两种小动物都表现出疯狂的按压行为。但你可能不知道，这个实验还没结束，实验人员就已经培养出了“迷信的鸽子”。

在被测试的鸽子中，实验人员明显观察到，有几只鸽子会在按压前做出非常奇特的动作。比如，A鸽在按压前会逆时针转上2~3圈；B鸽会首先把脑袋反复伸向某个位置；C鸽的头会表现出一种举杠铃的上下举动状态；D鸽和E鸽则呈钟摆状摇晃。

鸽子的这些举动不是因为它们被实验人员逼疯了，而是因为它们在好几次获得食物前都恰巧做了以上动作。于是这些小家伙就坚信，正是因为做了这些动作，所以才使“斯金纳大神”显灵，给它们投递了食物。

发现了这个现象后，实验人员尝试着把投递的时间间隔调整得更长，以便记录它们进一步的举动。以钟摆摇晃的鸽子为例，他们发现，当把投递时间的间隔延长时，鸽子的摆动行为变得更加明显，看起来就像是一只真正的钟。

为了让鸽子“破除迷信，相信科学”，实验人员撤除了强化，斯金纳箱再也不掉食物了，尽管如此，它们还是在重复了大约10000次摆动动作后，才完全放弃此前的“迷信行为”。

除此以外，这个实验的结果还非常有力地解释了：为什么有些人在扔骰子前会习惯性地先在拳头上吹一口气；为什么不少人在家里不被允许说“好久没有生病”这样的话；为什么一些开发商一定要在项目启动前先去附近的佛堂上一炷香……

因为在他们人生中的某一时刻，他们自己或者与他们关系亲近的人当中，很可能有人像鸽子那样，在某次正面或负面反馈前做了类似的行动。

02<<

迷恋小概率事件

中国著名的商业咨询专家刘润在他的爆款专栏——《五分钟商学院・实战篇》里介绍过餐饮店老板想出的一套营销小妙招，这套妙招不但非常容易模仿，而且效果也很不错。

具体的做法是这样的：顾客在结账时，老板会邀请用餐的顾客用三枚骰子玩一个游戏，如果顾客扔出了3个“6”，那么这顿饭就能免单。

只要有一点数学知识的人其实都能算出，这个游戏的获胜概率是六分之一的三次方，也就是0.46%，这意味着平均200个人中仅有1个人能享受免单福利。

这就是典型的小概率事件，但恰恰就是这种小概率事件让用户着迷。

对用户来说，其实在哪家店吃饭都无所谓，只要菜价和口味差别不太大，都在可以选择的范围。如果某个坐落于商务区的工作餐餐厅使用这个策略，按照每天接待200~400位顾客计算，那么几乎每天会产生1~2次免单的幸运顾客。

这种平均每天触发1~2次的幸运案例不仅能让被免单的顾客兴奋不已（虽然其实也没多少钱），而且要是老板有足够的营销意识的话，就会制作一个专门的吉祥物放在店门口，引导免单用户拍照发朋友圈。那么，这家餐厅将很容易在小范围内人气大增，吸引在附近上班的人前来一试。

03<<

差点就赢

在本章前面的学习中，我们已知悉了“差点就赢”的状态对生物大脑的奖励回路，这种强反馈能够让大脑保持兴奋。而从多巴胺分泌的角度来说，“差点就赢”和“真正赢了”对生物大脑的激励作用是类似的，都能非常有效地刺激快感中枢，从而让生物持续行动，停不下来。

但从感性上，我们又觉得好像缺少了一些什么。下面的这个思想实验将帮助你体验一次“差点就赢”对后续行动的不同推力。

体会一下，下面哪种情况会让你更难受，让你心痒痒：

A. 你从没买过任何一只股票，然后新闻报道某只股票连续涨了5个涨停板。

B. 你对某只股票观察了几天，然后新闻报道这只股票连续涨了5个涨停板。

C. 你持有一只股票，在小赚2%左右抛售，之后你就没去关注它。一周后，新闻报道这只股票连续涨了5个涨停板。

D. 你持有一只股票，在亏损20%的情况下，你有一天突然决定放弃它，在你抛售后，就没再关注它。但一周过去了，你突然看到新闻报道这只股票连续涨了5个涨停板。

上述选项中的事实都是同样的——这只股票连续涨了5个涨停板，正是因为在此之前我们的状态不同，所以，我们的感知才会存在如此巨大的差异。其中，最让人痛苦和难以忍受的正是“差点就赢”——这种认知偏差很可能让人做出情绪化的决策，激发人的“赌徒心态”，让人很容易不经过思考就采取行动，重新把资金投入一只“很有潜力”的股票，甚至重新买回这已经经历5个涨停板的股票。

04<<

随机奖励

随机奖励是一种很魔性的反馈。在前面，我们介绍了能引起人们行为上瘾的随机奖励中，大致分为内容随机、数额随机和事件随机三种。

内容随机

我们最熟悉的内容随机莫过于支付宝的“集五福”活动。只要是一个“福”字，哪怕是手写的，你只要打开支付宝扫一扫就能随机扫出一张福字。这五张福字中最难扫到的就是“敬业福”，它每年总是最晚出现，而一旦你扫描出“敬业福”，必然伴随着大脑分泌大量的多巴胺，让你倍感兴奋。

五福集齐后，在除夕夜当天，支付宝还会有第二轮随机奖励，那就是数额随机。

数额随机

除夕夜，当全国人民都沉浸在新春的喜悦中时，支付宝开始向集齐五福的用户随机发红包。但无论红包的总金额达到多少个亿，也架不住数量庞大的网民。

拿到最大红包666元的网友自然欢呼雀跃，但大多数人只能拿到1.88元、2.38元、3.18元……能拿到5.88元已经属于“巨款”。但在红包真正被开启之前，总还是会让用户抱有拿到666元超级大红包的念想。

事件随机

除了华帝以世界杯的结局做随机营销事件外，其他行业也是如此。诸如：

今日上证指数收盘价的个位数如果为8，那么当天全场晚餐消费8折；

如果能拿出尾号99的百元人民币，买酒全场8折；

尾号999，则是全场7折；

尾号9999，则是全场6折

……

商户正是通过类似事件随机的营销手段，不仅吸引了人们的注意力，达到品牌曝光的效果，而且还让消费者觉得这些属于稀缺事件，所以应该赶紧趁机消费，以免错过好机会。

05<<

清醒思考

无论是斯金纳箱式的反馈、迷恋小概率事件、“差点就赢”的感觉还是随机奖励带来的快感……你要明白，这些都是大脑带给你的认知偏差。只有理解了这些原理，才能够让我们在发现自己沉溺其中的时候，适时地提醒自己，不被这些认知偏差带偏，从而摆脱自我无法控制的状态。

Part 5

行为上瘾原理之四：

挑战升级，

上瘾式策略让你欲罢不能

5.1 “爽点”技术：网络小说作家爆红的秘密

为什么有人看网络小说居然戒掉了毒瘾？

什么是网络小说制造“爽点”的公式？

现实生活和网络小说比起来缺少什么？

01<<

如果你追过网络小说，你一定有过这些感觉：在和主人公一起冒险的过程中，时间过得飞快，原本漫长的上下班通勤过程也好像一下子就结束了。你舍不得放下手机，一边走路一边看，只有在过斑马线时才不得不把视线移回现实。

最可恨的是，你很快就追上了作者的写作进度，虽然知道作者日写数千字已属不易，但却仍然感觉更新太慢，一天只能看三章的节奏实在是一种煎熬。于是，你暗暗发誓，下次一定要等作者更新完再开始看……

以上是很多网络小说读者的真实写照。是的，网络小说就是有如此大的吸引力，甚至有媒体称，中国的网络小说是继美国好莱坞、日本动漫、韩国偶像剧之后的“世界第四大文化现象”。

不仅如此，很多国外粉丝在接触中国网络小说后也会沉迷其中。有记者曾经采访了一位靠网络小说成功戒掉毒瘾的美国小伙儿——该男子曾经一整天不吃不喝，连续读了20万字的小说。这位美国小伙儿在接受采访的时候称，过去回到家就想吸毒，现在回到家满脑子都是中国小说。为了有更多的网络小说可以读，他同时找了3个翻译网站。半年过去了，小伙儿总计追完15部中国网络小说，并且彻底戒掉毒瘾。

02<<

为什么网络小说会有那么大的魅力，让人看了放不下，满脑子都是它呢？核心的原因就在于优秀的网络小说作者非常善于为读者制造“爽点”。罗振宇曾经剖析网络小说制造“爽点”的公式，该公式共分为三部分，它们分别是：明确的目标、清晰的台阶以及作弊工具。

首先，明确的目标包含大目标和小目标。

大目标是一个贯穿全书的目标，如唐家三少的小说《斗罗大陆》中，主角唐三的父母曾被最大势力武魂殿围剿，母亲因此陨命。所以，对唐三来说，他和武魂殿的冲突即可视作埋在读者心中等待解决的大目标；再如小说《阴间神探》，开篇没多久，主角的爷爷就被神秘组织残忍杀害，与这个组织终有一天的碰撞以及如何捣毁这个犯罪组织，就是深埋进读者心中的一个“钩子”。

那什么是小目标呢？在实现大目标的过程中，主角必然会遇到一个个小头目，这些小头目一般等级比当时的主角高，实力比主角强，甚至可能一开始看不起和嘲笑主角，这种接连不断的冲突就撑起了巨大的张力。

这种情况下，主角就需要通过完成特定任务，搜集指定道具，在历经重重磨难后以弱胜强，把小头目打趴在脚下，让对方求饶服输。这种小目标的安排有效地撩动了读者的“爽点”，让读者能够跟随主角酣畅淋漓地打击那些比自己强或曾轻视自己的人，实现了现实中往往无法实现的梦想，同时让人得到极大的满足感。

清晰的台阶又是什么意思呢？

这是一种写作手法，为的是让读者在小说开篇之初就能了解主角的成长脉络。依然以《斗罗大陆》为例，一名魂师想要成为大陆上的顶级强者，必然要从魂士做起，魂师、大魂师、魂尊……直到最后的神阶。

同样，在网络作家天蚕土豆撰写的流量巨作《斗破苍穹》中，也有类似的进阶体系：斗者、斗师……一直到斗帝。

通过以上分析，我们可以发现，正是因为有如此清晰的进阶体系，才能让读者在阅读的过程中产生逐级提升的“爽感”。这种“爽感”加上他们在阅读过程中已经形成的代入感，让他们感觉自己就是小说的主角，有种身处其中的刺激体验感。

最后是作弊工具。

为什么要安排作弊工具呢？因为无脑的“躺赢”是很无趣的，只有历经艰难困苦，才能让最终的胜利更有价值感，从而制造触动读者的“爽点”。所以，这些作弊工具不是为了让主角成神，而是为了帮助小说中相对较弱的一方，使之有别于竞争对手或反派，令其加速修炼，以弱胜强，最终实现逆袭。

03<<

上面讲的目标、台阶、作弊工具这三点，从过程上可以概括为四个字：曲折进阶。实际上，这种通过制造曲折进阶，撩动“爽点”的手法也经常出现在一些电视剧中。

比如，前些年红透半边天的《甄嬛传》，编剧使用的正是类似套路。编剧让观众和甄嬛一起经历一次又一次宫斗，一场又一场阴谋，让主角在观众的集体期盼中，一步步由从最开始的常在，晋升为贵人、莞嫔、莞妃，到熹贵妃，最后成为王朝的实际掌舵人。

而《延禧攻略》设置“爽点”的手法更彻底。剧中的女主角魏璎珞一路“升级打怪”，遇强则强，化不利为有利，多次用巧妙的智慧（当然这是编剧设计的，这部分可以视为作弊工具）解决掉了玲珑、高贵妃、尔晴、纯妃、娴妃以及最后的袁春望，从宫女逐渐坐上皇贵妃的宝座。这样的曲折进阶，同样让观众，尤其是女性观众大呼过瘾。

事实上，这与我们现实中的职场进阶之路何其相似，从实习生、专员，再到主管、经理、总监……进阶之路同样曲折。唯一的不同是我们不像网络小说里的主人公，也不像电视剧里的主角，我们缺少一个能让我们快速实现职场逆袭的作弊工具，这才造成我们人生的种种遗憾。

正因如此，很多人才更向往成为网络小说和电视剧的主角——将对自己的期望投射在角色身上，用某一角色的成功满足自己内心的欲望。

04<<

你收获的新知

优秀的网络小说家为读者制造“爽点”的技巧可以总结为三部分：明确的目标、清晰的台阶以及作弊工具。正是在这种曲折进阶的过程中，读者和观众把自己在现实生活和工作中的遗憾投射在网络小说与电视剧的主人公身上，用他们的成功弥补自己内心的缺憾。

5.2 用户体系：是什么让你被“绑架”还感恩戴德

为什么很多商旅人士喜欢一直订一家航空公司的机票?

是什么促使玩家不停研究高手的比赛视频，刻意练习自己的游戏水平?

为什么开市客公司能逆势增长，并保持九成付费会员持续续费?

01<<

著名商业资讯顾问刘润曾提到他在北京出差期间的住宿习惯：如果只出差一天，他喜欢住威斯汀酒店；但倘若出差三天，他就会先在喜来登住一晚，隔天换到旁边的雅乐轩，最后一晚再换回喜来登。

刘润坦言，这么折腾倒不是为了省钱，而是因为上述酒店都是喜达屋集团旗下的酒店，如果连续入住3晚，只能算一次入住，而这么一折腾，就能算3次入住了！作为喜达屋白金卡会员，每年要入住25次才可以保留会籍。为了保留会籍，刘润已经这样坚持了十几年。

为什么刘润如此乐此不疲呢？这就要归功于这套令人上瘾的用

户成长体系。

02<<

所谓用户成长体系，是企业产品和运营的一种结合体，这个体系能提升用户黏性，实现用户分级，让产品在更具商业价值的同时，让用户获取情感或者利益。

简单来讲，用户成长体系就是通过给你送福利来“套住”你，让你忠诚于它，在商家那里多使用、多消费。

能让用户产生行为上瘾的成长体系可以分为：积分兑换体系、升降台阶体系和督学价值体系三种。

积分兑换体系

这是一种相对简单的用户成长体系，比较典型的如一些航空公司，你只要是某个航空公司的会员，就可以通过飞行来累积里程，积累到一定程度就能免费兑换一张机票。

这种里程累计的方法对出差较多的商旅人士来说尤其具有吸引力，因为他们用公款出差订机票时对价格并不敏感，所以总是会优先考虑有里程积累的航空公司。这样一来，以后自己拖家带口出去玩的时候就可以享受免费的机票。

当然，银行信用卡的积分商城、电信运营商等使用的也是这种套路。它们往往用扫地机器人、人工智能语音交互音箱等新奇产品吸引你，告诉你这些都是积分可以兑换的实体礼品，以此鼓励你多用他们家的信用卡刷卡，多用他们的手机卡打电话或订购数据流量包。

升降台阶体系

这种体系相对复杂，它和上一小节讲的“清晰的台阶”有些类似，会给用户一个从小白用户成为超级用户的完整成长之路。比如，很多游戏会有进阶排位，一个玩家在对战中赢得比赛就可以晋级，输掉比赛则将面临降级的风险。

正是这种明确的进阶体系和有奖有罚的输赢方式，让玩家渴求提升自己的段位，甚至不惜花费大量时间观看高手的比赛视频，针对某一游戏角色进行反复的刻意练习，甚至花费大量金钱去购买游戏工具等，以期出奇制胜。

督学价值体系

这是一种相对有现实意义的用户成长体系，它经常被用在知识付费领域。这种方式能有效督促学员进行学习，帮助他们真正实现个人成长。比如，由李善友教授开创的“混沌大学”，就是通过精细化运营的方式，让学员对学习产生某种程度的上瘾。

更有意思的是，李善友教授还把用户从知识类产品的虚拟界面延展到线下的现实层面：学员只要在“混沌大学”APP上认真学习，就能获得“研值”，而“研值”是“混沌大学”APP内的虚拟货币。通过兑换“研值”，学员可以参加自己感兴趣的高品质线下活动。

不仅如此，学员还可以通过修学分获得一张由诸多知名企业联合认证的学位证书，证书分为“创新举人”“创新进士”“创新翰林”三个等级。与一般的社交货币和电子证书不同的是，这三个等级的学位证书在现实生活中也有实际的效用。

获得学位证书的人不仅学习到知识，收获知识留存的体验和学习效果，而且还能凭借这些学位证书，在面试这些企业时获得优先面试和优先录取的机会——这在国内知识付费领域用户成长体系运营中是极具开拓性的创举。

03<<

除了以上三种以鼓励用户行为模式为主要诉求的用户成长体系外，还有一种体系让用户欲罢不能——**付费会员体系**。

随着移动互联时代的到来，全球的传统零售行业都面临销售额下滑的压力。但作为传统零售商的开市客（Costco），却能通过会员服务体系实现逆势增长，并且以每年4%~6%的速度稳步攀升。其最重要的策略就是其付费会员体系——开市客和普通零售超市最大的区别就在于——只有持付费会员卡或者在付费会员的陪同下才能进入开市客卖场消费。

开市客的付费会员分为每年60美元的个人会员和120美元的精英会员两种。普通会员的权益是能免费获得一张副卡，副卡也能帮助持有者进入卖场；而精英会员则是在普通会员的基础上，每次消费还可以获得2%的返现。当然，返现金额有上限，一般为每年1000美元。

在大量吸收付费会员后，开市客公司就实现了下面这三大优势：

优势一：与上游供应商进行价格谈判时有强有力的议价能力。

优势二：通过严选商品，把SKU（库存量单位）维持在特定的细分领域，聚焦中产阶级消费者需求，极大地保证了产品质量和供应链的反应速度。

优势三：大量货品避免拆包，直接从生产厂家送至门店。

这些优势全部的指向只有两点——效率最大化和价格最低化。

开市客把节约下来的成本的九成返还给了消费者，这些生活刚需品都是付费会员日常使用的商品。整体算下来，付费会员能省很多钱。这个结果也让开市客公司每年的续费率高达90%，而且通过会员间的口碑传播，开市客付费会员保持每年7%~8%的增长率。

在员工工资达到沃尔玛的1.6倍的情况下，开市客的坪效（每平方米的销售额）却是沃尔玛的2.5倍！这形成了一个消费者获益、员工获益、股东也获益的多赢局面。

04<<

你收获的新知

用户体系是能影响用户行为的一种模式。它通过给予正负激励，有效提升用户对企业和产品的忠诚度，使消费者多使用、多消费该企业的产品。

能产生行为上瘾的用户成长体系可以分为三类，它们分别是：**积分兑换体系、升降台阶体系和督学价值体系。**

积分兑换体系是通过使用积分来兑换商品、拴住用户的一种方法，常见于航空公司、银行信用卡的积分商城和电信运营商；升降台阶体系则给用户以完整的图景，让用户通过行动来提升或保住自己的等级水平；督学价值体系则通过虚拟货币来激励用户学习，并且提供对用户有现实价值的内容和福利。

以开市客为代表的付费会员体系，其核心做法就是通过募集大量会员，增加企业议价能力，聚焦严选产品，实现直接配送，以降低成本，提高效率，让消费者实现真正节省，从而让人心甘情愿续费，最终实现多赢。

5.3 心流体验：满足强迫症的极度舒适感

为什么有些游戏无论输赢都会让人停不下来？

什么是心流和心流模型？

游戏设计师是怎么设计游戏让你持续保持心流？

01<<

2019年1月25日，支付宝又开始了一年一度的“集五福”活动。一时间，所有人拿起手机，在有“福”字的地方扫一扫。但是，这一次活动的玩法和往年不一样，今年，用户除了靠运气扫五福外，还有一个可以靠知识去额外赚取一张福卡的机会——“答答星球”。

“答答星球”是一个类似于“头脑王者”的游戏，它使用了我们前面讲到的“爽点”公式的前二招：明确的目标和清晰的台阶。

用户可以通过赢得比赛，步步晋升自身的知识等级，从答答新秀、青铜哨兵一直到答答传奇。更有趣的是，参加游戏的用户会随机匹配一位与自己等级相近的用户。

身边的很多伙伴觉得开始时很容易，但越到后面就越困难，因为这样越容易匹配实力相当的人。此时，虽然很容易陷入等级忽升忽退的境地，但你会发现自己已经深陷其中，根本停不下来。随之，时间在你的感知中飞快地流逝，你也在和对手的知识PK中大呼过瘾。如果你也有这种感觉，那么恭喜你，你已经成功进入了心流状态。

02<<

什么是心流状态？“心流”（Mental Flow）这个词出自美国心理学家米哈里·契克森米哈赖的畅销书《心流》，在中文语境中，也有人把“心流”意译成“神驰”。

无论它在字面上如何翻译，**心流都是指我们从事某件事情时的状态——精神上全神贯注，体验上物我两忘。**在这种状态中，人们不仅会感觉时间忽的一下就过去了，而且在完成这件事情之后，绝大多数人会感觉神清气爽，浑身充满正能量。

在日常生活和工作中，很多人曾经不止一次进入心流状态的体验，如吉他爱好者在演奏自己喜爱的乐曲时，当他们沉浸其中时，会觉得时间仿佛如流水一样呼啸而过，在酣畅淋漓中体验注意力完全集中的绝妙感觉。

为了能让你更好地理解心流产生的条件，米哈里教授根据项目的挑战水平和技巧水平，把人们的体验分成了下面8个区间：

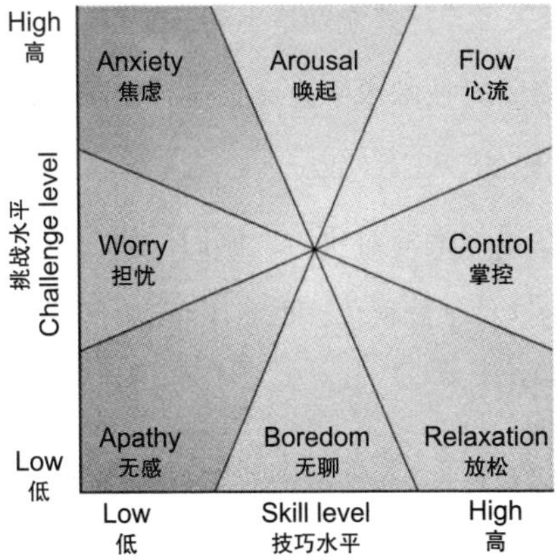

由于处于中间水平的担忧（Worry）、唤起（Arousal）、掌控（Control）和无聊（Boredom）仅仅是程度的不同。因此，下面，我会着重从这张示意图的四个角落来说说它们之间的差异。

挑战水平高但技巧水平低：这种情况会让我们形成焦虑（Anxiety）。比如，如果你从没玩过格斗类游戏，如果刚一上手就和高手对决的话，就会让你有一种自讨苦吃的焦虑感。

挑战水平低且技巧水平也很低：这种情况会让我们无感（Apathy）。这是一个多数人在多数时间都在做的事情，如倒一杯水、坐下、站起来，这些动作没什么挑战性，也不需要什么技巧，它们只是自然而然发生的动作。

挑战水平低而技巧水平高：这种情况会让人感觉很放松（Relaxation）。例如，一个演奏家演奏一曲简简单单的《生日快乐歌》，虽然他可能会加入不少烘托气氛的和弦或进行某种程度的变奏，但对演奏家来说，这些无疑是小菜一碟。

挑战水平高同时技术水平也高：这种情况就能让人进入心流（Flow）状态。比如，WCG（World Cyber Games，世界电子竞技大赛）的选手在进行巅峰对决时，他们往往在技巧水平上相差无几，但正是因为这种平分秋色，更能让互搏的双方在竞技过程中进入物我两忘的心流状态。

当然，无论是技巧水平还是挑战水平，它们都会随着一个人能力的发展逐渐发生变化。

比如，骑车这项技能，对一个尚未掌握要领的小孩子来说可能极具挑战，但你可以回想一下，你在学骑车的时候是不是也曾无数次地从自行车上摔下来过？你会不会觉得很焦虑？

但随着反复的刻意练习，你会从一次次失败中总结出其中的规律，掌握了身体怎么才能保持平衡。当你开始能稳定地骑行一段距离时，一种打心底升起的成就感会让你在那一瞬间达到峰值。此时，你就已经进入了心流状态。

然而，随着年龄的增长和技巧的娴熟，骑车已变成一种本能——没有挑战，也不需要过多技巧，所以骑车就变成无感的日常活动。

03<<

理解心流模型后，我们以风靡全球的网络游戏《魔兽世界》为例，来看一下游戏设计师是通过怎样的安排让你持续保持心流状态，从而使你对它持续上瘾的。

起初，你的游戏角色从新手村诞生，没有装备和技能的你只能接最简单的任务，这个过程非常短暂。但随着等级的快速提升，你的技能也趋于熟练，于是系统就会让你走出新手村。

走出新手村意味着你要走出舒适区，去探索未知的地图。于是，你抱着好奇，根据任务信息里的线索，来到了怪物等级更高的陌生区域。而在这里，你会接到一个无法独自完成的“精英任务”。

精英任务逼着你去和其他玩家打交道，组成小队去打怪。好不容易费了九牛二虎之力，干掉那只血厚如牛的精英怪，你们也都获得第一件稀有武器。

有了稀有武器之后，你杀敌的伤害值更高，这让你很满足。但是，只有一件稀有武器，其他都是破烂，那怎么行？于是，为了给自己换一身行头，你就会通过下副本（多人协作的独立地下城关卡）来解决自己的问题。随后，你会在公共频道到处喊人组队去打怪。

换装备—升级—换地图—做任务—下副本—推BOSS—换装备——这是一个循环往复的过程，而每次都有等级只比你高2级的怪物、任务和副本在前方向你招手，怂恿你在这些挑战中凭借高超的操作技巧拿下它们。

你可能会说，《魔兽世界》俨然已经成了一个故事会、时装秀。是的。不仅如此，待到你满级之后，游戏设计师还安排了PVP（Person Versus Person，人与人对战）战场、竞技场，让等级和水平与你差不多的人来和你PK，胜利的一方可以获得荣誉值，而荣誉值可以用来换取装备。

每一次挑战都需要你发挥最大的技巧，正是这种高挑战水平 + 高技巧水平的设计，才能让你迅速进入心流状态。

04<<

你收获的新知

心流，是指我们在从事某件事情的时候，精神上全神贯注、体验上物我两忘的状态。

同时，我们还理解了以下几种**心流模型**：

挑战高、技巧低：焦虑；

挑战低、技巧低：无感；

挑战低、技巧高：轻松；

挑战高、技巧高：心流。

游戏设计师正是通过不停地把玩家安排进挑战高、技巧高的环境中，让玩家不停地进入最爽的心流状态，得以让这款游戏风靡全球。

5.4 禀赋效应：诺贝尔奖得主告诉你人们如何上瘾

为什么明明是同一个杯子，不同的人对它的评估价值会相差甚远？

为什么说“一入乐高深似海，从此钱包是路人”？

为什么网红应用Zepeto能够让人心甘情愿做任务、付费，并且还帮着免费传播？

01<<

通常，当我很累的时候，我都会打开一款叫作《××奇兵》的游戏，通过做做日常任务松弛一下神经。但有一天，我突然发现，之前积攒了几个礼拜的金币和钻石都被花光了，而一个不知道从哪里冒出来的“狗粮五星英雄”（表示技能比较差，通常用来喂养顶级英雄）居然被升到满级！

旁边做作业的儿子的眼神时不时飘过来，我明白了，始作俑者原来是他。我问他为什么要用我的资源来升级这只“狗粮五星英雄”，儿子显得很委屈：这只五星英雄是我今天自己抽奖抽来的呀！

抽奖抽来的，你怎么不说充话费送的呢？但为什么自己抽奖得来的东西会对一个小孩子如此有吸引力？明明还有很多选择比这个更好。

02<<

为了搞清楚这个问题，我们先来看一个实验。理查德·赛勒和卡尼曼教授等人在1990年设计了一个很有意思的行为心理学实验，他们把被试学生分为三组。

第一组：发给他们一个杯子，让他们仔细观察后给杯子估算一个出售价格。

第二组：不发给他们杯子，但借给他们仔细观察，然后询问他们愿意花多少钱买下它。

第三组：可以选择得到一个杯子或者得到一笔他们认为大致等值的钱，两者选其一。

很多人会以为，这三组学生的出价应该差不了多少，但统计后的结果却让人大跌眼镜。

第一组：中位数卖价为7.12美元。

第二组：中位数买价为2.87美元。

第三组：中位数选择得到3.12美元。

明明是同一个杯子，卖价居然比买价高出2倍不止！

没错，这就是2017年诺贝尔经济学奖得主、美国芝加哥大学教授理查德·赛勒提出的一种人类行为认知偏差现象：禀赋效应（Endowment Effect）。

所谓**禀赋效应，就是当你拥有一样东西之后，就会高估它的价值**。而且当你有所投入时，你对它的评估价值会更高。比如，别人的孩子画的一幅画你会觉得很一般，而自己的孩子画了实际差不多水平的一幅画，你就会感觉自己的孩子很有绘画天赋。

是的，这就是“禀赋效应”。难怪我儿子会格外珍惜自己抽到的“狗粮五星英雄”。

03<<

事实上，在赛勒教授被授予诺贝尔奖之前，宜家家居早就洞悉消费者的这种心理。这家成立于1943年，来自瑞典的家具和家居零售商提供的产品都不是完整的壁橱、书架或者柜子，而是像搭积木一样给你一些部件、紧固件和螺丝螺帽，需要你根据宜家提供的图纸，自己动手拼装家具。

我们往往在宜家看到这样一些案例。比如，有的顾客买了一个咖啡桌回家自己拼装，用了没多长时间桌子就开始摇晃起来。如果顾客买的是其他品牌家具的咖啡桌，相信他一定会找到店家投诉，要求退换。但这个“作品”是他“亲手制作”的，所以这位顾客就会尽可能地设法做一些补救措施，然后持续地投入时间和精力延续它的使用寿命。

虽然本质上都利用了禀赋效应，宜家家居为了提升企业的品牌知名度，更愿意把这种现象称为“宜家效应”，而著名的玩具巨头乐高也很愿意把它称为“乐高效应”。

乐高这种玩具，说到底仅仅是一个形象相对美观的摆饰品，没有太多的实际使用价值，但价格却很贵，一盒就要几百甚至上千元。所以，很多人心里都会有一个疑问：这些塑料积木的成本没多少钱，但为什么这么贵我都会去买，我的钱是否都交“智商税”了？

其实，乐高玩具之所以售价不菲却仍受世界各地消费者的追捧，每年卖出210亿块积木（这个数字相当于绕地球赤道将近5圈），正是因为乐高设计师深谙“禀赋效应”。

乐高的每款产品都经过好几年的研究和开发，每次都能让用户根据图纸一步一步完成阶段性目标，而每次目标的达成又为下一次更大的目标打下了基础——用户不仅在这个过程里能轻松进入“心流状态”，更能够在每一次阶段性目标达成的情况下获得心理上极大的满足。

试想，一个小学生通过自己的努力，亲手拼装出具有一定科技感的作品，这是一件多么有成就感的事情！

04<<

除了宜家家具、乐高玩具等需要用户自行拼装的实体产品能充分调动人们的“禀赋效应”外，一些游戏也有同样的效果。

2018年年底，一款捏脸游戏——Zepeto火遍全球，甚至在苹果APP Store里的热度超过了微信、小红书、QQ等明星应用。自2018年11月下旬开始，这款APP连续8天占据中国区免费榜榜首，并在后来较长时间内坐稳了社交榜第三的交椅。

这款应用程序之所以能引起朋友圈的广泛关注和欢迎，吸引用户投入大量的时间打扮自己捏的小人偶，不仅仅是因为它的使用门槛很低，而且还因为其富于创意的个性化设计。比如，用户可以通过做任务或者付费充值获得金币，通过花费金币，可以进一步购买衣服、裤子、地毯、墙纸、摆件等各种有意思的部件，装饰小人偶和空间。

正是这种DIY（自己动手做）的个性创造，让每一个用户都能增加一个可以在朋友圈炫耀的内容。而且还能通过自己动手增加参与感，这些都深深抓住了每个用户的个性化诉求。

在后续不断的升级中，游戏设计师持续引入新元素，促使人们为了金币而做任务，每天在APP中乐而忘返。当然，也有些“土豪用户”会直接付费充值获得金币来升级自己的外观和个性空间。

实际上，当你在朋友圈分享和炫耀自己捏的小人偶和个性空间时，其实就顺便帮Zepeto做了一次口碑营销，吸引你朋友圈里感兴趣的好友找到并下载这款应用。

05<<

你收获的新知

禀赋效应，是一种当你拥有一样东西之后，就会让你高估其价值的头脑认知偏差。

诸如宜家家居、乐高、Zepeto，它们都是通过提高用户在整个产品使用过程中的参与程度，让用户阶段性地达成里程碑目标，从而不停地启动用户头脑中的“禀赋效应”，让用户喜欢甚至痴迷这些产品。

有些产品还会促使用户不断做任务或者付费，然后再依托朋友圈为产品带来新的流量。

5.5 小复盘：这些心理术让你迷失在“打怪升级”的路上

又到了我们的复盘小节，本章的前半部分，我们主要讲了人们既喜欢看别人是怎么不断升级，又喜欢亲自体验整个“打怪”升级的过程。而后半部分则主要分析了人们在参与晋级过程中的体验状态和人类固有的认知心理特点。

下面，就让我们通过更多的内容来回顾和巩固学习到的知识。

01<<

好看的网络小说和过瘾的连续剧

让我们复习一下“爽点”公式：明确的目标、清晰的台阶以及作弊工具。

明确的目标：能制造读者和观众的共同期待，其中大目标和小目标的结合既能调动你的情绪情怀，让你产生代入感，又能通过一个个小目标的实现，满足人们实现成长或任务完成时所带来的快感。

如果你仔细观察就会发现，无论是《西游记》还是《星辰变》，又或者《名侦探柯南》以及《纸牌屋》，它们的剧情发展遵循的其实都是同一个道理。

清晰的台阶：它们是成长路上的一个个里程碑。现实生活中，你可能几年升职都升不了一级，而在网络小说、连续剧里，没隔多久，主角就会因为机缘巧合功力大涨，一路升级打怪，让我们这些读者或观众在看的时候也能获得在现实生活中无法实现的心理满足。

作弊工具：除了主角出生时伴随的重生、变异，又或者遇到奇遇后的神赐宝物，其实，无论是网络小说还是连续剧，最大的作弊工具就是“主角光环”。

“主角光环”总能带给主角好运，让角色在面临险境时或触发保命技能，或灵智乍现，又或者得到他人相助，在最关键的时候克服无法跨越的障碍，完成不可能完成的任务。没错，主角们总能在遇到麻烦的时候用特殊办法化解，让用户形成一波又一波的脑内高潮。

02<<

用户体系

用户体系的核心作用是提高用户黏性、实现用户分级，在产品商业化的同时，实现用户情感和利益双收。这种体系的设计能让你忠诚于它，并且促使你多使用和多消费。

能让用户产生上瘾的用户成长体系可以分为：积分兑换体系、升降台阶体系和督学价值体系。此外，还有给予用户实际好处，让铁杆用户紧紧追随的付费会员体系。

积分兑换体系：这是一种相对简单的成长体系，用户可以通过消费获得积分，然后换取福利或礼物。积分兑换体系一般对可以报销的商务用户来说更具有吸引力，因为他们对价格不敏感，所以会选择在可以兑换积分的商家那里消费，并享受福利。

升降台阶体系：谁说用户成长体系只能升不能降？在升降台阶体系中，用户会随着自己在体系里的输赢，决定自己的进阶和降级。进阶意味着可以获得更高的荣誉和更好的赛季奖励，降级则意味着水平的低下，奖励自然大打折扣。

升降台阶体系会迫使用户投入更多的时间和精力甚至金钱，通过不断的学习和刻意练习来提升自己的技能水平，以期提升角色哪怕1%的战斗力。

督学价值体系：随着互联网教育提升效率的观念越来越被更多用户接受，人们已经不满足于“知识过脑”，开始追求“知识留存”。在知识付费下半场，督学价值体系不仅通过发勋章等荣誉激励用户成长，更通过精细化运营让用户“修学分”、拿证书，甚至让证书在现实生活中也拥有实际的效用。

付费会员体系：付费会员体系的核心是募集大量会员，通过增加企业议价能力、聚焦严选产品和直接配送这三大优势，来降低成本，提高效率，让消费者花更少的钱买到更多、更实惠的商品，从而让其心甘情愿续费，最终实现多赢。

03<<

心流体验

当了解“爽点”公式和用户体系设计之后，我们就要开始进入人的内心，去发现产品经理如何设计才能让用户达到心流状态。所谓**心流，是指我们在做事某件事情的时候，精神上全神贯注、体验上物我两忘的状态。**

美国心理学家米哈里·契克森米哈赖发现，挑战水平和技巧水平形成的矩阵能区分人们不同的体验。

挑战水平高，技巧水平低：焦虑；

挑战水平低，技巧水平低：无感；

挑战水平低，技巧水平高：放松；

挑战水平高，技术水平高：就能让人进入心流状态。

于是，为了让你进入物我两忘的心流状态，产品经理和技术人员日以继夜地设计并开发出了类似“换装备—升级—换地图—做任务—下副本—推BOSS—换装备”这样的游戏循环，并通过大数据匹配和你技术水平相差无几的用户，让你们PK ，不断完成挑战目标。

游戏玩家在游戏中愉快玩耍的同时，企业也获得了用户数量的增长和付费流水的提升，当然，还有更多资方的青睐。

04<<

禀赋效应

以前我们一直不理解为什么感觉自己的文章写得还不错，老师打的分数却不高；自己的长相虽然不算特别美，但还算得上中等偏上。直到今天，我们终于理解了，原来是因为禀赋效应。

禀赋效应，就是当你拥有一样东西之后，就会高估它的价值。

正是由于这一人类固有的认知偏差，宜家家居选择让用户自己组装桌子，有效降低他们对质量的要求；乐高令你花费大把时间拼装玩具，完成后成为房间里价值千元的摆设，你却还想着过段时间再买一套；Zepeto让使用者纷纷开始捏脸，捏出了APP Store Top3，还让用户花真金白银装点虚拟空间。

不仅如此，禀赋效应还让那些“七天无理由退货”“一元钱试用”的商品卖得更容易，让顾客舍不得退货……

05<<

清醒思考

行为上瘾原理之四：挑战升级。升级的路上充满了困难和不确定性，产品经理通过明确的目标，一步一个脚印的台阶和作弊工具代入网络小说和连续剧中，让其操纵你的感官，满足你的大脑，让你停不下来。

用户体系是个好东西，除了升降台阶体系可能会浪费你的时间外，其他诸如积分兑换体系、督学价值体系和付费会员体系，都是能实现企业和用户双赢的方式。

心流体验很难得，但我们要记住，千万别“被心流”。不要浪费太多时间在游戏里，而是要在对自己真正有帮助的事情上设法投入时间和精力，并在其中进入心流。

最后，要看到禀赋效应是一种典型的认知偏差。我们要在进行价值判断的时候，学会跳出自身框架，摆脱禀赋效应的束缚。

Part 6

行为上瘾原理之五：

未完成感让人心痒难耐

6.1 未竟之事：悬念是一剂勾魂药

为什么《盗梦空间》的结局会受到长期和如此广泛的关注？

为什么很多人会时不时点开年少时暗恋对象的朋友圈，观察一下对方最近的动态？

为什么运营策略能够让阅读类APP持续产生可观、稳定的收入？

01<<

如果你看过《盗梦空间》，你一定记得这部高分电影的结尾——它用开放性的结局留给观众一个未竟的悬念，让观众一直猜测男主角最后到底是回到了现实世界还是留在了梦境当中。

电影上映没多久，关于电影的结局一时间成为了人们茶余饭后的话题。很多网友对此持不同的观点，他们各执一词，谁都说服不了谁。

这部引起了广泛关注的《盗梦空间》，是英国著名导演克里斯托弗·诺兰的作品，除了《盗梦空间》外，《记忆碎片》《致命魔术》《星际穿越》《蝙蝠侠：黑暗骑士崛起》等耳熟能详的影片，都是出自诺兰之手。尽管他此前执导的影片都是高分大作，但最后却只有这部《盗梦空间》在结束上映后的很长一段时间内仍被人们热烈讨论。归根结底，是因为这部电影的结局让观众百思不得其解。

在影片的设定中，画面最后的陀螺如果旋转不止，表示主角仍旧处于梦境之中；而陀螺倘若停下来的话，则预示主角已经回到现实空间。

但可恨的是，无论是受到谁的追问，导演诺兰就是三缄其口，不肯透露一点点剧情最后这样安排的用意，这让许多“盗梦迷”寝食难安，甚至还有人通过反复浏览片尾的场景，从物理学的角度去分析最后陀螺的“偏离角”和“声音”，并且将其所得到的线索与之前梦境中陀螺旋转的场景做对比，试图推测出“科学的”结论。

02<<

一部电影的结局真的如此重要吗？如果你不理解这个现象，你可以尝试着在白纸上画一个并不闭环的圆，然后观察一下自己头脑中的感觉，看是否有一种急着想用笔去“闭合”它的冲动。

没错，你会非常想把这个圆给画圆满——这不是因为你得了强迫症，而是因为这是一种非常正常和自然的心理现象。

最早对这一现象进行科学而系统分析的研究者，是20世纪20年代立陶宛的心理学家蔡格尼克。她当时组织了一个心理学实验，实验的内容是让被试对象按照随机顺序去做22件简单的工作。比如，写一首诗歌、把数字从55倒数到17、根据规定的顺序把珠子穿起来，等等。

按照蔡格尼克的设计，实验人员会让其中的一组把这些简单的工作全部做完，而让另一组在每件工作做到一半时就突然勒令停止，要求他们去做下一件工作。被试对象在完成工作之后，在事先完全不知晓的情况下，实验人员邀请他们立刻回忆之前做的是些什么工作。结果，“未完成组”的平均回忆准确率为68%，而“已完成组”则只有43%的回忆准确率。

蔡格尼克把这种对未处理完的事情比已处理完成的事情印象更深刻的现象命名为“蔡格尼克效应”（Zeigarnik Effect）。简单来讲，就是未竟之事更让人印象深刻，且令人回味无穷。

03<<

理解了蔡格尼克效应，我们就不难理解诺兰为什么打死都不肯告诉观众电影最后的结局了。因为大多数导演在内心深处其实都期望自己的作品能被更多的人记住，如果能被奉为经典就再好不过了。而这个未完成的结局既有可能是故意设计，也有可能是意料之外的妙手偶得，总之，它恰恰撩动了每个观众的心弦，在无声无息中实现了诺兰导演不可言说的愿望。

实际上，类似的情况在我们的生活中也十分常见。比如，很多人都对自己少年时期的暗恋对象念念不忘，时不时都会回忆起当年与之接触的一些场景。

而且，在网络互动发达的今天，如果你们至今仍旧单身，虽然你可能从来没有和对方说过一句话，但你却很可能多次点开对方的朋友圈，看看其最近的动态和照片，似乎这样做就可以得到一定程度上的满足。

而另一些人则是其他一种情况。有的人由于早年家庭经济条件不宽裕，青少年时期看到同伴们吃方便面、喝碳酸饮料这些当时价格比较昂贵的“奢侈品”，而自己只能眼巴巴地看着别人享用。因此，长大之后，有过类似经历的人就会对这些垃圾食品有特别而莫名的好感，每次进入超市大卖场，就算不买也可能要逛一圈，看看它们的包装和品类，在视觉上饱饱眼福。

04<<

在实际应用中，很多阅读类APP的运营者早已深谙蔡格尼克效应，他们为用户设计的“付费漏斗模型”将其应用到了极致。

起初，APP的运营人员会把受到广泛好评的网络小说前50~100集免费投放到应用程序的首页。当用户对小说标题产生兴趣，并且点击进去阅读后，很少会有人能摆脱这些连载小说的吸引。但是从第51集或者第101集开始，APP就开始收取0.15元每集的“解锁阅读”费用。

你可能会说，网络上那么多免费的东西，为什么我偏偏要去付费阅读网络小说呢？

一方面，在很多正版APP中，往往作者只要一发表文章，APP端就能第一时间更新篇章，让付费用户抢先读到内容。更重要的是，对很多网络小说的爱好者来说，阅读体验被打断的痛苦要远远大于支付0.15元的感受。所以，一旦你打开了这扇门，蔡格尼克效应就会促使你成为愿意付费的用户。

另一方面，从APP运营方的角度来讲，别看每集0.15元的收费似乎并不高，但很多网络小说少说都是3000集、4000集，有的甚至可以连载十几年。诸如《绝对零度》之类的网络小说，总字数高达2019.35万字，按2000字每小节来计算，已经达到了10000集以上！

很多与之类似的网络小说能让一个读者从初中开始阅读，一直到工作都还在每天支付3集小说章节的0.45元，这笔每个月13.5元的收入被称为ARPU值（Average Revenue Per User），大量的付费用户将在数年内为企业持续带来稳定的收入。

05<<

你收获的新知

高分电影《盗梦空间》在结尾处的戛然而止，让你从此开始理解了蔡格尼克效应，也就是人们对未处理完的事情比已处理完成的事情印象更深刻，未竟之事更让人回味无穷。

因蔡格尼克效应形成的早年认知偏差常常伴随我们的一生，从学生时期暗恋的对象，到成年后还会回味垃圾食品等现象都十分常见。

而对以盈利为目的的企业来说，蔡格尼克效应是用来转化用户发生付费行为的法宝，运用前50~100集免费，从第51集或第101集开始低价收费的策略，让已经入局的用户欲罢不能，从而带给企业稳定的收入。

6.2 认知缺口：为何换种剪辑方式就能让人通宵追剧

为什么《延禧攻略》让人看了还想看，停不下来？

电影预告片是怎么让你为票房做贡献的？

什么是认知缺口？

01<<

《延禧攻略》你一定不陌生，这部剧被称为继《还珠格格》《步步惊心》《甄嬛传》之后的又一部现象级“清宫剧”。该剧一共70集，对很多忙碌的职场人士来说，看完整部剧还是很有压力的。但就算剧集再长，因为热播期间周围很多人都在讨论它，所以，一些人终于在坚持了一段时间后也加入了“追剧大军”。

不得不说，无论你是男是女，都会被“魏璎珞”这个角色带入剧中。她在剧中有很多冲突场景的戏份，非常有张力，让人情绪亢奋、大呼过瘾。不过，最“可恨”的是，该剧的剪辑师一定深谙心理学，不然干嘛每集结尾都会在情节最紧张的时候画面一黑，然后播放片尾曲，这让你不得不赶紧拿起遥控或者鼠标快进到下一集，从而立刻安抚你已经被撩动起来的情绪。

而下一集几乎也是这个套路，先解决上一集留下来的冲突，然后进入故事描述和情节铺展阶段，最后几分钟又在结尾处安排下一个悬念，周而复始，循环嵌套。每次都会让你在按快进键的时候自责自己，暗下决心只能再看一集，否则今天这一整天都废了，而每次到结尾处却又历史重演……

02<<

类似的手法还经常被用在新片上映前的预告上。一部电影想要卖座，预告片是很难被忽略的。预告片的核心目的就只有一个，那就是把你吸引进电影院，让你为这部电影的票房做贡献。

通常，一部高转化率（看了预告片后买票进影院的概率）的预告片会包含以下四个元素：故事主线，激情音乐，人物对白，吸睛画面。

故事主线：通常故事主线会告诉观众这是一部怎样的影片。比如，《哈利·波特》系列影片的每一部都会和一件物品、一位人物或者一个组织有关。通过预告片展现故事的一部分精彩情节，通常能有效地勾起人们去了解更多内容的欲望。

激情音乐：预告片的配乐通常是节奏感比较强的音乐，因为节奏感较强的音乐能通过一定的律动让你跟着节奏把一部时长3分钟以内的预告片看完，而只有看完才能诱使观众去了解更多制作人想要表达的内容。

人物对白：人物是一部影片的核心要素，无论是影视明星，还是卡通人物，通过人物对白交代一部分情节，能极大地引发观众的好奇，有些金句还能激发人们的情绪，让人生出感伤、共鸣、喜悦、兴奋、期待等情绪，又或者给人启发，让人意犹未尽。

吸睛画面：吸睛画面通常是最精彩的部分，如《你的名字》所展现出的唯美画面，又如《变形金刚》中汽车人之间的激烈对战，还有《魔戒》三部曲里史诗般的宏大场面。这些吸睛画面无疑打开了观众的一个认知缺口，使其迫切想要通过完整的观影体验来满足自己的好奇和想象。

03<<

理解了制造认知缺口，我们就会用后续交付物去填补缺口。细心的读者一定会发现，本书每一小节的开始都会有三个问题，这三个问题实际也是为了帮你打开对后面内容的认知缺口——只有阅读完这一小节的内容，这三个问题的答案才会浮出水面。

然而，每一小节的结尾部分还设计了另一个引导你去阅读下一小节的开关，通过一个小预告，让你知道下一小节我们会说些什么。如果你对这个小预告的内容感兴趣，就会引导你翻开下一页。然后，映入你眼帘的又是三个与这一小节有关的三个问题。

通过这种周而复始的循环，你会形成一种阅读的快感和不停了解真相的启发感，从而让你在相对轻松的情况下读完本书。

早在2008年，百度前副总裁、凤凰卫视前主持人梁冬与《21世纪商业评论》主编、发行人吴伯凡共同制作的有声节目《冬吴相对论》，就开始通过制造“认知缺口”的方式，演绎了一档能令人产生“颅内高潮”的知识脱口秀。

在每期节目中，一个知性的女声都会在每个段落伊始用“特殊疑问句”引出这一期两位大咖互相讨论的内容。比如，在第90期《量子学中的智慧》中，片花是这么引入的：

为什么胜过自己的人才能成为领导者？

被割掉鹿角的鹿群为什么会逐渐退化？

为什么领导不是任命的，而是赢得的？欢迎收听《冬吴相对论》——量子学中的智慧。

对上面三个问题，一般人很难自行思考，产生清晰的答案，这就会引导用户继续听下去，听听这两位大咖是如何理解上面这三个问题的，能带给自己怎样的思考和解答。

正因如此，《冬吴相对论》的口号“坐着打通经济生活任督二脉”不仅深入百万高知粉丝的心，其后续节目《冬吴同学会》更是获得了点播量2.5亿人次的惊人成绩。

04<<

你可能会说，给文章起标题是不是也一样适用？

如果你已经这样思考了，那么恭喜你，你是一个具有“举一反三”能力的人。

通常，在微信生态中，一篇文章内容的质量决定了它的转发率，但其实文章的题目更重要，它决定了文章的点击率。如果别人连点开这篇文章的意愿都没有，那么内容写得再好也无济于事。

当然，这里说的起标题手法不是什么“不转不是中国人”这种带有道德绑架意味的方法，而是通过打开认知缺口，引发读者的好奇，继而引导读者点击阅读的标题撰写法。

在网络上，通常这样的手法有以下三种：

数字干货体：通过直观和确定的数字，给读者一个确定能得到某种技能的期望。比如，三种方法让你学会如何在饭桌上挡酒；四种应对面试官刁钻问题的实用方法；五种摆脱拖延症的干货技巧……

借势名人（企）体：用人们熟知的知名人物或公司吸引眼球，继而讲述自己的内容。比如，比马云演讲还励志的职场心法；有望赶超谷歌食堂的公司诞生；女作者神似杨幂，发布新书引爆全场……

若隐若现体：说一半藏一半，是非常典型的认知缺口使用方法。比如，这样和老公说话，让他百依百顺；二十年前的旧照片，最后一张看完泪崩；为什么一包饼干在书包里藏一年……

当然，写标题的方法还有很多，甚至在营销行业，还有作者专门为写标题而出书。但万变不离其宗，要想让人们阅读文章的具体内容，能打开人们认知缺口的标题总是能起到吸引人气的作用。

05<<

你收获的新知

《延禧攻略》的每一集都运用了蔡格尼克效应，通过制造观众的认知缺口，让人欲罢不能。同样地，电影行业的预告片、本书的写作方法，以及知名的脱口秀节目，吸引人的文章标题也如出一辙，其都使用了能够打开受众认知缺口的方法，吸引你的关注，继而了解更多。

6.3 不可预知：兴奋感让你充满期待

为什么春游前的晚上让人更快乐？

可预知的奖励和不可预知的奖励，哪个让人更快乐？

为什么有些人喜欢坐过山车、看恐怖片？

01<<

如果让你回忆年少时期，以下哪种情景更让你快乐？

A.春游前的晚上

B.春游中在公园里

C.春游后到家时

相信很多人都会选择A。没错，每次春游前，你很可能会有一种极强的期待，你会问父母要一些零花钱，然后到小卖部或者超市去挑选一些第二天一早在行车路上吃的食品，然后畅想和小伙伴们一同出游的场景，甚至这天晚上会兴奋得连觉也睡不着。

同样，当你在某购物平台下单时，在订单下完，货品还在路上时，你的内心会藏着一份盼望，希望能快点儿拿到它。甚至，有时候你还会时不时打开手机，看看你的订单现在处理得怎么样了，有没有发货，现在到哪里了。

这就是期待带来的快乐。

所谓期待，就是我们对未知的某个事物或者某件事情产生的一种向往和憧憬。这种向往和憧憬能使人产生愉悦感，让大脑得到奖励。奖励的出现正是源于对未来的不可知，即使这种不可知有可能带来意想不到的结果。

02<<

你可能会说，无论是旅行、购物还是谈恋爱，不是应该在真正“得到”它们时更快乐吗？这不科学啊。

2001年，美国埃默里大学神经学家格雷格·伯恩斯做过一项实验。他将被试者分成两组，让他们躺在核磁共振仪上，然后将一根管子送入他们的嘴中，管子的另一段连着白开水或果汁。实验人员则通过核磁共振的显示屏来观察他们脑部的活动，如果吸到果汁，人会感到快乐。此时，大脑就会被扫描出愉悦的图像。

第一组，可预知组：每隔10秒钟交替让他们吸到白开水或者果汁。

第二组，不可预知组：随机地让被试者吸到白开水或者果汁。

这个实验的高明之处在于，倘若“得到”是大脑快乐的唯一要素，只要被试人员吸到果汁，那么大脑愉悦部分就必然会被激活，并且被扫描出来。但实验的结果显然与假设不符，因为在可预知组中，当被试者第一次吸到果汁时，愉悦部分的确被激活了，但这种可以被预知的快乐却随之递减，到后来愉悦反应变得越来越弱，形成了典型的递减状态。

相反，不可预知组的反应就和被打开“认知缺口”的反应差不多，不仅每一次果汁的突然入口会引起大脑愉悦部分的反应，并且在等待未知的过程中，被试者甚至在较长时间的等待体验中表现得更为快乐。

03<<

当然，如果把实验中的果汁换成苦胆水，相信很少有人会在期待的体验中感到愉悦。因此，这种未知一般是建立在相对良好的预期上的。所以，伯恩斯教授的实验就解释了为什么如果你对自己的预期还不错，那么在等待高考成绩发布或者年终奖下发前，你会兴奋好几天。

然而，还真有人斗胆尝试把“果汁”换成“苦胆水”，把一个曾经让人欲罢不能的剧集弄得险些沦陷。

这个反面案例就是《行尸走肉》。当年，这部剧第一季刚刚推出时可谓惊艳全球，不仅收视率让剧组满意，更是让其他电视台也纷纷效仿，跟进这一题材。

然而，当《行尸走肉》播到第七季时，却给观看该季首映的

1700万粉丝当头一棒。本来观众还期待主角团队能逆袭一把，奋起反抗。没想到陪伴粉丝长达七年之久的亚洲小哥格伦毫无征兆地惨遭暴虐。这种对粉丝精神上的“虐待”，让不少人直接弃剧。甚至有传闻，编剧和部分演员都曾收到愤怒的粉丝的网络骚扰甚至是死亡威胁。

一波未平一波又起，第八季结束时，编剧又“顶风作案”，终结了主角的儿子卡尔的戏份，此举更是激起了公愤，收视率急速下跌——从该剧峰值时接近2000万的收视量，腰斩到最后仅剩500万粉丝苦苦支撑。

04<<

不过，很少喜欢并不意味着没人喜欢。游乐场里的过山车、恐怖屋、蹦极项目在很多人眼里是“花钱买罪受”的游戏。它们之所以仍旧存在，正体现了其不错的市场价值，它们是为这些少数人追求刺激、寻求极限体验而设计的产品。

研究表明，这部分人之所以喜欢在相对安全的情况下接受刺激，是因为诸如过山车、蹦极等项目可以让人进入“高水平唤醒”状态。在这种状态中，这些人能从未知的恐惧中享受因恐惧而带来的亢奋。

此外，一些人对恐怖片的喜爱还与我们之前说过的“大脑奖励回路”相关。

泰山上有一段路叫“快活三里”。这是因为爬泰山是一件很累人的事情，之前的爬山过程耗费了人们大量的体力，而唯独山腰间的这三里路地势平坦，让人们的体力稍稍得以缓解，大腿的肌肉能稍稍放松。所以，这种累极之后的放松感，让游客们对“快活三里”很是喜爱。

同样，恐怖片的恐惧感和紧张感对爱好者来说也是一种刺激，他们把“避开死亡”当作一种经历了恐惧、紧张之后的正向行为，所以奖励回路会对“看恐怖片”这项行动进行强化，刺激爱好者观看更多的恐怖片。

05<<

你收获的新知

通过回忆年少时期春游前、中、后期三个时间段的不同快乐程度，我们发现期待其实能带给我们更多的快乐。这种快乐奖励之所以出现，其实是源于未来的不可知，即使这种不可知有可能会带来意想不到的结果。

不可预知就和打开“认知缺口”一样，能有效激起上瘾反应。伯恩斯教授的实验表明，在等待未知的过程中，被试者在较长时间的等待体验中表现得更快乐。

对大多数人来说，相对良好的预期能带给自己更多的快乐，所以无论是电视剧还是电影、游戏，想要获得比较好的收视率或票房，能够让大多数人喜闻乐见的结局是主流；而对少部分人来讲，恐惧也能实现人的“高水平唤醒”。

正如《阿甘正传》中阿甘那句著名的台词：“生活就像一盒巧克力，你永远也不会知道你将拿到什么。”没错，不可知才是生活最大的魅力。

6.4 默认选项：“读心歌单”让你摘不下耳机

为什么“默认自动播放下一集”就能让人一听到底?

哪个小小的改变可以让器官捐献率提高一倍不止?

为什么“默认选项”有如此大的“说服力”?

01<<

前面的章节中我们已经讲过，中国的网络小说已经成为继美国好莱坞、日本动漫、韩国偶像剧之后的“世界第四大文化现象”。但正所谓没有最好，只有更好。随着互联网时代的发展，以喜马拉雅、蜻蜓FM、懒人听书等音频类APP为主要代表，组成了一个由内容生产者、音频转述师、广告以及用户所构成的闭环生态圈，用户在这里可以得到更好的视听体验。

现在，如果你喜欢一部网络小说，已经不再需要费神上网阅读，音频类APP会将网络小说播送出来，你可以在任何时候打开APP收听小说。

更贴心的是，这些APP基本上都有“默认自动播放下一集”的功能，这意味着如果前一集尾部的内容已经打开了你的“认知缺口”，如果你想要继续听，都不需要亲自动手，躺着就可以接着听下一集。

不要小看这种默认选项为“自动播放”的设置，这将大大增加用户使用APP的时间，从而让企业获得更多的广告收入。

Questmoblie、艾瑞、易观等第三方数据平台显示，一些头部音频类APP的用户平均使用时长已经达到每天135分钟。就算以2000万每日活跃用户数来计算，也相当于一个人从尧舜禹时代一直听到现代。

02<<

为了让你理解“默认选项”这一设计的奇妙效果，我要重点介绍理查德·赛勒的《助推》(*Nudge*)一书中的一个实验。这是一项关于捐献人体器官的实验，由埃里克·约翰逊和丹·戈尔茨坦两位教授一同完成。

众所周知，在医疗领域里，人体器官捐赠的需求远远大于供给，一位肾衰竭的病人往往等上数年都无法找到合适的肾脏捐献者。因此，在黑市里，一个肾脏可能会被炒到26万美元，心脏和肝脏的黑市交易价也高达十几万美元，这也导致了很多涉黑集团贩卖人体器官，对社会造成了极大的危害，如《杀破狼》系列电影讲述的正是警方和这些犯罪组织之间的较量。

因此，消除大众对器官捐献的误区，提升器官捐献的意愿率，无疑是解决当前社会器官短缺困境的关键。在两位教授的分组试验中，其中一组的默认选项是不做器官捐献，他们可以通过点击鼠标改变这个选择；而另一组虽然措辞相同，但默认选项是选择成为器官捐献者，他们也可以通过点击鼠标改变这个选择。

结果，默认不选捐献器官组的捐献率仅为42%，而默认捐献组的同意率居然高达82%。为了排除国籍对人们决策的影响，两位教授还研究了德国和奥地利两个国家。德国采用的是默认不捐献策略，结果仅有12%的人同意；而奥地利采用的是默认捐献策略，结果几乎人人（99%）选择死后捐献器官。

03<<

为什么“默认选项”对人们的说服作用会如此巨大，并导致这么大的决策差异呢？

因为从脑科学的角度来说，人类的大脑是非常懒惰的。很多对大脑构造有一定了解的人都听说过“前额皮层”这个概念——由于前额皮层参与自控和决策需要耗费脑力，所以，大脑在日常生活中不会轻易调用它，而是通过自动启动人类本身快速反应的直觉系统，参与大部分的简单决策。

比如，如果你在快餐店门口看到一扇门，门上有一个把手，你会自然而然地去拉这扇门，尽管门把手上面写着一个大大的“推”字。

所以，当我们面对默认选项时，我们的第一反应是顺从地去执行它，而不是调动脑力，通过前额皮层去做一番思考。这也是为什么很多像乔布斯、扎克伯格这样的成功人士每天都会穿款式一样的服饰——因为这种“默认选项”的确可以节省脑力，让这些精英把更多的精力投入工作中。

当你理解了这些，你就一定能够理解这些行为，“默认选项”正是试图在你还没有来得及调用你的前额皮层耗费脑力去做出改变之前，率先帮你做决定。而且，对这个决定，你还会觉得是自己主动做出的——尽管这个“默认选项”对设计者来说更有利。

04<<

基于同样的原理，现在很多视频类网站在推荐会员时，往往会采取1元钱首月+连续包月的营销策略（还记得我曾经讲过的登门槛效应吗）。

很多用户为了看一部新上映的电影，或抢先看一部热播的连续剧，会选择花1元钱成为VIP会员，而一旦第一个月过去之后，由于默认选项为签订连续包月的续订协议，所以这类视频类APP就会自动从你的支付宝或微信里扣除每月的会员费。

当然，有些人会因为特别在意这笔钱而取消连续包月，而另一些人则表示无所谓。当然，还有人想要取消，但由于找不到在哪里取消它们，因而每个月依然为VIP会员费埋单。

同样，随着电信资费的下调，运营商为了防止销售额下滑，保持用户的消费黏性，会主动给客户打电话推销套餐。相信很多人都接到过这样的电话，客服会热情洋溢地说要免费赠送你3个月流量，你可以在第3个月取消，但默认选项是续订。

很多人在这3个月里已经养成了大手大脚使用流量的习惯，所以，3个月后就会因为流量不够用而续订套餐。而有些用户就算流量使用得并不多，也由于觉得太麻烦，而且花钱不多并不主动致电取消。

05<<

你收获的新知

享受网络小说更好的方法是“听”。这些APP会在每集结尾打开你的“认知缺口”，然后通过默认自动跳转到下一集，让你一听到底，从而大大增加了使用这些APP的时长和企业的广告收入。

与此同时，我们还了解到，仅仅是一个**“默认选项”**的变化，就可以让人们捐献器官的意愿改变一倍，甚至数倍。

而“默认选项”之所以有如此大的说服力，是因为大脑本身的懒惰。在日常生活中，我们极少会去使用前额皮层调用脑力做出决策，而是把选择权交给直觉。而“默认选项”恰恰运用了这个规则帮你做出了决定，从而使决策的结果对“默认选项”设计者有利。

理解了这些，我们就明白了，在日常生活中，无论是视频网站还是流量运营商，它们都在使用“默认选项”悄悄地影响我们的决策。

6.5 小复盘：蔡格尼克效应的诅咒与解法

本章的前半部分，我们了解了蔡格尼克效应如何让人痴迷，以及企业是如何运用蔡格尼克效应来打开受众的“认知缺口”；后半部分则和你讨论了不可预知如何像打开“认知缺口”那样使人上瘾，以及企业是如何设计“默认选项”来助推“认知缺口”，从而让你做出对它们有利的行为。

下面，让我们通过更多的内容来巩固已学习到的知识。

01<<

蔡格尼克效应

心理学家蔡格尼克很好奇：为什么服务员在顾客点单后个个记忆力惊人，能记住每桌到底点了一些什么菜品；然而一旦上菜结束后，服务员就仿佛突然失忆了似的，再也记不起谁点了什么、谁的牛排要几分熟。

这个现象勾起了蔡格尼克教授的好奇，也打开了其“认知缺口”。其回去后，满脑子想的都是这个问题，最终，蔡格尼克教授设计出一个心理学实验来推测其发现，于是就有了你在本章前面看到的“22件简单的工作”的实验。

这是一个有趣的实验，因为教授通过这个实验发现了“蔡格尼克效应”。

所谓蔡格尼克效应，是指人对未处理完的事情比对已处理完成的事情印象更深刻，这是一种对未竟之事的紧张感，是一种对闭环和圆满的追求，也是人们对好奇事物渴望得到解答的强烈诉求。

这种诉求让人对开放性的电影结尾产生热议，让单身人士时不时地想点开年少时期暗恋对象的朋友圈，让阅读类APP的运营者通过先免费再收费的模式赚得盆满钵满……

02<<

认知缺口

我家门口有一家餐厅主打小龙虾菜品，每天门庭若市，非常火爆。它的老板是一个奇葩，在老板授意下，这家小龙虾店有一个不成文的规定，那就是随便哪个已经点好菜的顾客，只要冲到门外用店里准备的一个扩音喇叭大喊三声：“我爱×××小龙虾店，我爱×××小龙虾店，我爱×××小龙虾店，重要的事情说三遍，说三遍！”那么，这桌就能免费获得一盘十只装的小份十三香小龙虾。

说来也奇怪，自从老板实施了这个规定后，这家店硬是成了整条街生意最好的一家。

外行人看热闹，内行人看门道。一般人贪图有趣，驻足观看，哈哈一笑也就过去了，但聪明的你一眼就能看出其中的端倪——老板利用已消费顾客去激发更多潜在顾客的好奇心，设法打开他们的“认知缺口”。这样一来，店外的顾客就会对餐厅留下深刻印象，下次再外出吃饭时就会前来光顾。如此循环往复，一个“引流—转化（付费）—裂变—引流”的模型就此诞生。

同样，爆款连续剧、电影预告片、脱口秀节目等剧本的撰写手法，使用的同样都是“认知缺口”法则。

03<<

不可知性

小时候，我们不仅对春游很期待，对长大成人这件事情同样也很期待。所谓期待，是我们对未知的事物产生的一种向往和憧憬。

因为这份对未知的期待，人类背上行囊，从自己待腻的地方前往别人待腻的地方，去寻找全新体验，这就是最初的旅行。同理，很多年轻人不愿意从事那些一眼就能望到头的工作，而是走出去寻找人生的另一种可能性。甚至，人们在面对死亡的时候，除了充满恐惧外，其实还有一点期待。

神经学家格雷格·伯恩斯用实验从神经科学的角度向我们证明了大脑对不可知的偏爱。虽然可预知组在第一次吸到果汁时，大脑愉悦区的确被激活了一下，但随之而来的却是递减；而不可预知组不仅每次果汁入口都能引发愉悦，在等待期的体验甚至会更快乐。

当然，大部分人爱果汁，但也有少部分人喜欢苦胆水，追求刺激。因为这种刺激能让人实现“高水平唤醒”，在这种状态中，他们能从未知的恐惧中享受因恐惧而带来的亢奋。

同样，恐怖片带来的恐惧和紧张感也是这样。虽然这会造成死亡压力，但影片结束后，人就会回到安全的现实，完美避开真正“死亡”给人带来的恐惧。这时，奖励回路就会启动，继而强化观影者对恐怖片的喜爱。

04<<

默认选项

“默认选项”是“认知缺口”的搭档，它们会推动人们去做对设计者有利的事情，而且会让人们以为是自己主动做的决定。

听网络小说本来就容易上瘾，现在如果在结尾有悬念的地方戛然而止，然后自动播放下一集，你自然就会一听到底。

以前你可能不理解，为什么会有企业让你仅需付押金，就能免费使用1个月家庭饮用水净化器呢？读完本章，你就会明白，因为“默认选项”会让你习惯这个设备的存在，1个月过后，你会自然而然地买下这台净化器。

越来越多的作者已经掌握金句标黑的方法，这是另一种形式的“默认选项”——作者期望你阅读他想要你重点阅读的文字，所以非常贴心地告诉你哪里是重点、哪里应该放慢速度，让你阅读时有的放矢。

是的，**大脑就是如此懒惰，它不愿意耗费脑力调用前额皮层去做决策，所以，一般情况下，直觉系统就是你的默认导航系统。**即使是《助推》的作者——诺贝尔奖得主理查德·赛勒，都会在已经出入多年的教室门口，对着有门把手的推门做出“拉”而不是“推”的动作。

所以下次，如果你要尝试说服别人，记得学会巧妙设置“默认选项”，学以致用。

05<<

清醒思考

行为上瘾原理之五：未完成感——来自蔡格尼克的诅咒。蔡格尼克效应让你认识了未竟之事对你产生的作用，让你对它念念不忘，印象深刻。但我们要注意，不要被这种情绪绑架，牢记它们打开的仅仅是你的“认知缺口”。

“认知缺口”会让你有想要去填补缺口的冲动，如果不想被连续剧左右，不想因为预告片而为电影贡献票房，不想被“标题党”骗去点击，就试着在做下一步行动时停一下，问问自己是不是不小心入了套。

“不可知性”的确是人类的本性，如果没有对“不可知”的好奇，自然也就没有潘多拉魔盒。但“不可知性”也为我们埋下了期望的种子，让我们能够遇见未知的自己。

“默认选项”让别人看穿了你的大脑习惯偷懒，但只要有一定的意识，重启前额皮层去动用脑力，用思考去辨别他人操纵的痕迹，你其实完全可以控制住自己——如在听完网络小说的下一集开头，填完了“认知缺口”后选择暂停，然后在合适的时间继续收听。

Part 7

行为上瘾原理之六：社交元素，让人难以自拔的网络迷宫

7.1 网络社交：无形网络网住有形众生

为什么有人会在各个微信群里疯狂转发拼团商品？

什么是马斯洛人本主义心理学的七层需求？

为什么全球排名靠前的APP有一半以上都带社交属性？

01<<

你有没有见过这样一些朋友，他们在各个微信群里请求别人与其一同拼团，甚至狂轰滥炸地刷朋友圈？更有甚者，可能会一而再，再而三地私信你，一会儿是水果，一会儿是一门课，有时候又或许是一双鞋，请求你和他（或她）一起购买。

是的，这一看就是一位使用某多多上瘾的用户。

某多多是近些年的一款现象级APP，当所有人都以为某猫、某宝、某东已经把整个电商市场瓜分殆尽，后来者已经再无机会的时候，没想到，互联网下半场上突然横空杀出一个某多多，短短3年时间用户数量就已经达到3.4亿，一举超过积蓄时间长达10年的某东，现在更是已经挂牌纽交所，成功上市。

某多多的成功得益于对微信社交功能的极致运用。开始的时候，用户会被一件商品吸引，如一双鞋子：单独购买29.9元，发起拼单后，价格只有9.9元。为什么以前动辄几十元甚至上百元的一双鞋子现在居然便宜到不可思议的9.9元，满5人就可以拼团包邮？

那是因为以前从厂家到用户，不仅需要通过层层渠道，而且还要加上营销、店面、人工等成本，即使是电商如某东、某宝，在流量越来越贵的今天，其获客成本仍旧是巨大的。而通过你来发起拼单，找到和你有相同需求的4个人一起购买，厂家就会大大降低获客成本。虽然这样利润微薄，但薄利多销，厂家还是能够赚到钱的。

所以，这才有了我们最开始看到的场景，一个拼单的发起人为了找到4个具有相同需求的人，像是上瘾一般在朋友圈、微信群以及其所能触及的所有社交网络里“求拼团”。

02<<

微信眼睁睁地看着某多多靠着社交电商迅速崛起，自然不甘心。其团队当然不希望自己为别人做嫁衣，作为中国首屈一指的移动社交虚拟场所，微信自然也期待运用社交元素进一步完善产品生态链。

微信读书，就是微信旗下的一款阅读应用，为了从竞争激烈的移动阅读APP中杀出一条血路，微信读书把某多多拼团玩法做了一定的改良，发起了每周“组队阅读”的全新玩法。

组队阅读其实就是由一位阅读爱好者发起组队阅读，通过分享阅读链接到微信群或者朋友圈里，邀请朋友一起来组成一支5人的读书队伍。凡是组队成功的队伍，每人都可以在每周六的中午获得一张随机天数（一般是1~3天）的无限阅读卡，队长则可以额外得到3天阅读时长。这些无限阅读卡意味着你只要在规定时间内，就可以免费阅读绝大多数微信读书里的付费电子书。

除此之外，微信读书还能看到你的好友最近在读哪本书，甚至它还能直接从微信里调用微信通讯录里好友的阅读数据，生成一个实时本周阅读时长榜，你还可以为排名靠前的朋友点赞，让你轻轻松松实现人际间的互动。

03<<

由于微信团队非常看好社交赛道，2018年下半年，微信公众号上线了一个功能——好看——当一位用户在阅读完一篇微信文章后，如果他觉得文章写得不错，并且点了右下角的“好看”，那么这位用户微信通讯录里的所有人都能在发现页的“看一看”里看到他的这个动作。

而当你的微信好友中有好几个甚至十几人对同一篇文章点了“好看”，而且文章会以“好看”的数量以倒序排列，“好看”数最高的那篇就成为最先映入他眼帘的文章。

你看到那么多朋友都看了这篇文章后，根据阿希教授发现的“从众效应”，就算这篇文章的标题起得再糟糕，但你还是有比较大的可能去点开这篇文章，看看到底是什么原因吸引了你周围那么多朋友的关注。

没错，微信“好看”功能的上线，又让这个10亿人级的APP变得更厉害了。因为点了“好看”，你虽然只是做了一个在屏幕上点击的动作，但这却相当于增加了一次朋友之间的交互动作——“嘿，这篇文章不错，你也看看。”

这种社会交互不仅能够让人们在虚拟空间里用最低的成本实现一次思想上的小碰撞，同时还秀了一下智力优越感——让别人看看自己看过的那些高大上的文章，同时满足了马斯洛需求层次理论中包括社交需求在内的多种内在需求。

04<<

很多人都听说过马斯洛的五层需求层次理论，但如果你有进一步的研究，就会发现其实是七层。在亚伯拉罕・马斯洛的人本主义心理学中，这七层按照重要性和层次性排序如下。

生理需求：生理需求是人类最基本的需求，包括吃、穿、住、健康、性等需求。

安全需求：人们期望生活稳定、职业有保障、免于各种灾难等需求；

社交需求：社交需求也是归属感和爱的需求，是人们对友情、爱情、信任、温暖等的需求。

尊重需求：尊重需求包括自我尊重，赢得他人尊重以及提高自我评价的需求。

认知需求：认知需求是一个一般人很少知道的需求，它是人们对周遭世界探索以及解决疑难问题的需求。

审美需求：每个人都有对美好事物的欣赏，审美需求是对美好追求的需求。

自我实现：自我实现是人类最高等级的需求，是希望通过创造让自己趋向于完美甚至改变世界，从而达到所谓“高峰体验”的一种高层次需求。

马斯洛认为，在一般情况下，低层次的需求满足后，高层次的需求才会更多地体现出来。

而在网络社交中，不仅人们的社交需求得到了充分的满足，其他的需求也都可以实现。比如，别人的点赞好评，让我们得到了尊重需求；组队共读电子书获得免费无限阅读天数，满足了我们的认知需求；某手直播中的主播直播实现了人的审美需求；微信公众号撰稿让所有人阅读则是自我实现的需求。

以上需求通过网络社交，通过人与人之间的链接得以高效实现，这样的多维度层次需求的满足，怎能不让人痴迷?

05<<

事实上，不仅在中国，如果你翻开全球APP排行榜，你会发现，许多高活跃度的APP都带有社交属性。

App Annie发布的《2019移动市场报告》显示，全球月活跃用户排名前10的APP依次是：Facebook、Whats、Messenger、微信、Instagram、QQ、支付宝、淘宝、WiFi万能钥匙、百度。

可以看到，前10里面的前6名清一色是社交类APP，可见不仅中国人热爱社交，其他国家的手机用户也都对社交应用情有独钟，哪怕Facebook经历过用户信息泄露事件的风波，可这款拥有全球用户共计26.6亿的网络社交巨无霸依旧巍然不倒，坐稳了世界第一APP的宝座。

是的，正因为人类天然有对社交的渴望，而移动互联又在空间和时间上满足了人们从聊天到组团购物，从分享照片到组队读书的多种心理需求，所以人们才会对这些APP如此痴迷。

06<<

你收获的新知

马斯洛需求层次理论不仅仅只有五层，而是七层，还应该包括认知需求和审美需求。

除了生理需求和安全需求这两种最浅层的需求之外，从第三层次开始的多维度需求都和人类的社交活动有关。同时，随着移动网络下沉到每一个角落，网络社交将会成为我们这代人无法割舍的需求。

7.2 互惠裂变：销售界为之颤栗的营销“核武器”

什么样的内容能让用户分享到朋友圈？

为什么一家创业不到2年的初创品牌能发展成国内第二大连锁咖啡品牌？

什么是AARRR模型？

01<<

你可能在微信里看到过一种听课学习的海报，海报中通常有一个讲师的形象，海报的内容主打一门技巧。比如，教你如何提高说话技巧，或者怎样学会高效时间管理，原价××元，现在限时免费。

扫描二维码后，你会进入一个临时微信群，群里的机器人小助手会要求你转发给定的文案和海报到你的朋友圈，并且要保持24小时。然后小助手还要求你将朋友圈的截图发到这个临时群里，这样你就能领取免费听课的资格。

以上流程，就是典型的朋友圈海报裂变的流程。

“裂变”现在已经不再是一个新兴词汇，然而，当朋友圈充斥着各种裂变听课套路后，越来越多的人对海报裂变产生了审美疲劳。而正当很多互联网营销专业人士开始抱怨裂变的时候，却突然杀出一匹黑马——Luckin Coffee（瑞幸咖啡），这一品牌成为了近段时间罕见的现象级社交互惠裂变成功的典范。

在某天周末的午后，Luckin Coffee的广告悄悄出现在你的朋友圈里，这是一条来自你某个好友的推荐，上面写着："今天周末，请你喝杯免费大师咖啡，咖啡和运动很配哦。"

当大多数人被"免费""大师咖啡"等关键词吸引并点击链接后，并没有任何人要求你做任务，而映入眼帘的是一位女明星，画面中，她头顶一杯蓝色包装纸杯咖啡，右上角写着一句文案："送你一杯免费大师咖啡，请品鉴！"左下角则是"大师咖啡由WBC世界冠军精心拼配"。

人们虽然不知道WBC是什么比赛，但明星代言加上世界冠军，以及蓝色图案配上不俗的鹿型剪影LOGO，向一位全新的用户强烈暗示了活动的真实性，让用户想看一看瑞幸给的福利到底是什么。

之后，页面跳转："恭喜您！获得1杯免费大师咖啡已放入您******** 账户。"然后又是一个触发开关："现在去享用。"点击按钮后，页面会引导你去下载Luckin Coffee的APP……

02<<

你可能会说，这不是APP拉新用户的标准姿势吗，似乎并没有什么神奇之处。然而，如果你仔细观察瑞幸咖啡的这个社交互惠裂变案例，就会发现，其营销设计的巧妙之处就在于，当你分享出去后，不仅填手机号码的新用户会获得一杯咖啡，而且只要优惠券被使用了，分享者也能免费获得一杯。

在本书的第二章中介绍过著名的用户行为公式B=MAT，即行为（Behavior）= 动机（Motivation）× 能力（Ability）× 触发（Trigger）。这里，我们正好复习一下：要使用户产生你预期的行为，动机、能力和触发场景一个都不能少。

从这三个因子逐一分解。发朋友圈的能力无须让人担心，人人都有；触发条件则是由瑞幸准备好、标准化的朋友间推荐图文，这更不是问题。**但传统的裂变方法之所以失灵，其主要原因在于转发听课的行为会让用户觉得在自己的朋友圈里“丢脸”**，所以，更多的用户要么使用“分组型朋友圈”来蒙蔽裂变发起方，要么就是在“免费听课”和“丢脸”的两相权衡下丧失了转发朋友圈的动机，干脆直接关闭。

但瑞幸咖啡的高明之处就在于，“我”发朋友圈不会让你的朋友落入无奈地转发相同话术与海报的困局，而是让自己的朋友能真正享受一杯免费咖啡。这种让自己“长脸”，同时让朋友切实得到实惠的方式，给了用户转发朋友圈的强烈动机，于是一个愿意转发，一个愿意领取，正如Luckin Coffee的Slogan（口号）：“这一杯，谁不爱。”

03<<

庞大的用户增长数据证实了瑞幸咖啡的成功，疯狂转发朋友圈和喝瑞幸上瘾的复购用户支撑了企业的业务增长和经营扩张。从2018年5月8日正式营业到现在，这个蓝色的小杯子咖啡品牌在北京、上海、广州、西安、青岛等21座城市布局了超过1400家门店，短短时间竟然发展成国内的第二大连锁咖啡品牌。在2018年“双十一”为期7天的活动中，更是完成销售1820万杯咖啡的壮举，刷新了业界的纪录。

由于咖啡市场本来就是一个高频+大市场的品类，并且，瑞幸咖啡的品质不低，价格上还长期实行优惠政策，所以实际价格仅仅是星巴克咖啡的一半。

在这种品质和价格双重保障的前提下，基于社交元素的互惠裂变自然让这个蓝色小鹿形象的咖啡品牌异军突起，在线上获客成本越来越高的今天，瑞幸咖啡凭借独特的营销手段和价格杀出了一条路。

老用户因为存在需求且认为价格合适，选择留存并复购；新用户由于老用户在朋友圈的“馈赠”开始尝鲜，尝试后发现产品价廉物美，转而成为另一批反复购买的老用户——这让整个社交裂变营销组成强有力的闭环。

而这整个过程，正符合《增长黑客》中提及的AARRR模型。

04<<

AARRR模型，由美国增长黑客网络社区GrowthHackers.com的联合创始人兼CEO（首席执行官）肖恩·埃利斯提出，它分别对应的字母分别是Acquisition（获取用户）、Activation（促进活跃）、Retention（提高留存）、Revenue（获取收入）、Refer（自主传播）。

获取用户：简称“拉新”，即通过营销手段设法让一位新用户开始使用你的产品。

促进活跃：使用包括激励手段在内的运营方法让用户在产品内浏览、使用或留言。

提高留存：连续多日地让用户登录产品，并且在产品里表现活跃。

获取收入：使免费用户发生付费行为，让用户花钱购买产品。

自主传播：促使用户转发、分享产品，让更多人知道或使用。

无论是哪个行业、哪种品类的产品，在获取“种子用户”后，都可以通过提高用户的活跃度，让用户重复性地把注意力和时间交付给商家，后续赢利仅仅是一个时间问题。

而通过近悦远来（使近处的人得到好处而高兴，远方的人闻风就会投奔而来）的方式，商家可以给予满意的用户足够的动机去传递信息。比如，使用赠一得一的营销手段，让用户以“长脸”的方式形成自主传播模式的同时，促使用户在其社交网络中分享商家的产品，让新用户乐于领取福利。

这些招式环环相扣，每一次出招都能引发用户的好奇，促使用户转发分享，这种玩法谁能拒绝呢？

05<<

你收获的新知

现象级互联网咖啡产品luckin coffee的指数型增长的核心是互惠裂变，通过赠一得一的创新模式，让转发赠送的人有面子，让实际领取者得实惠。最终，通过AARRR，也就是获取用户—促进活跃—提高留存—获取收入—自主传播—获取用户的循环，让参与者流连忘返，同时令企业实现迅猛增长。

实际上，随着瑞幸咖啡开疆拓土的成功，越来越多的APP开始模仿和学习这种互惠裂变的做法。比如，微信读书每周赠一得一免费阅读时长，又如饿了么派发红包和外卖优惠券，这些都是促使用户产生分享动机的方法。

7.3 社群社交：让你“大瘾瘾于世”的虚拟组织

为什么人人都爱进新群又舍不得退出旧群？

人们进入微信群的五种动机是什么？

为什么说弱连接能对一个人的工作和事业起到重大作用？

01<<

你的微信里有多少个微信群？你是不是每隔一段时间都会加入一个新群呢？

没错，尽管很多人都抱怨自己加入的群太多，消息看不过来。但每当有一个新群出现时，自己却仍旧忍不住想加入；而就算有些群已经很久没人发言，或者被自己屏蔽了，却仍旧舍不得退出。

这种心态或许和我们前面讲过的“损失厌恶”有关。微信群是网络社交的一种进化产物，从最早完全是陌生人的聊天室、BBS，QQ群，再到如今的微信群……以上这些，无论是70后、80后还是90后，都对其中的大部分十分熟悉。

不过，微信群最大的优点是做到了真正的即时性，由于每个人至少都有一部手机，所以人人都能实时通过手机接收和回复信息，这要得益于如今智能手机、4G网络以及WIFI的普及。

但也正因如此，微信群里的信息才会成为影响我们深度工作的打扰因素——每每有新消息产生，微信提示会在电脑或手机上闪烁，这都让我们忍不住点开它，看看群里又说了些什么新鲜事儿。而当我们看完讯息回过神来重新开始刚才的工作时，却又一阵恍惚，不知道刚才做到哪里。

以上这些都是我们日常使用微信群的真实写照，但为什么明明知道这可能打扰自己，大多数人却仍旧喜欢进到更多的群里去？下面，我将从人们进群的动机来探讨，到底是什么让我们对这一个个虚拟的小社交网络难以抗拒。

02<<

你还记得你第一个进入的微信群是什么群吗？很多人都难以回答出这个问题，因为现在每个人手机上的群实在是太多了。但从进群的动机上来讲，大致可以分为以下五种：

情感链接：家庭本身就是一个社会化组织，加上现在每个家庭成员手里都至少有一部智能手机，所以，大家天然会形成一个微信群。当然，家庭群也有大小之分，最小的可能是你与直系父母、子女的群；大一点的可能是大家族的所有亲戚组建的家族社群。

在这些社群中，家庭群的功能主要是替代了以前的电话联系。

家庭群里的一些内容也以琐事为主。比如“我的快递到了没”“今天回不回家吃饭”……当然，旅游时大家可以把各自拍的照片传进群，挑选一些拍得好的发朋友圈，等等。

与家庭群不同的是，家族群往往只有在过年、清明祭祀等重大节日期间较为活跃，以抢红包或者沟通日程安排等作为主要话题。

人际拓展：从古至今，“多个朋友多条路”的观念已经深深植根在人们的脑海中。在行业社交群或者校友群里，我们更期待链接到与自己专业相关的中高端人士，从而为解决工作难题甚至换更好的工作铺路。

很多人知道“弱连接”的概念。“弱连接”是一个相对于“强连接”的概念，美国社会学家马克·格拉诺维特在一份报告中指出，**一个人工作与生活中最密切的社会关系并非亲戚、朋友、同事等强连接，而往往是偶尔联系一下，甚至是仅仅打过一个照面或听说过姓名的“弱连接”。**

因为在“强连接”中，大家知道的信息都差不多，无法形成有效的信息价值，但“弱连接”则不同，由于知识结构和平时获得周遭信息的迥异，“弱连接”往往能产生互相补充、互相促进的增益作用。

微信群里的人际链接恰恰符合这种“弱连接”的结构，这就存在一定的概率为现在或将来的自己提供价值。

比如，一个同行业的总监最近在招募一个经理，而你的能力以及发展要求恰巧与该职位很匹配，那么你们就很有可能会在这类微信群里对接上。又如，一些制造型企业的设备一时找不到特种配件而停工，那么，一位设备工程经理在一些行业群里喊一嗓子，就很有可能找到别厂的备件，互相拆借，互相帮助。

工作需要：现在，很多部门都会组建一个微信工作群，在微信群里布置工作任务，做信息反馈。甚至很多互联网公司在全国各地都有分公司或者加盟商，微信群可以做到非常及时便利的信息同步，政策文件或培训课件的下达及分公司、加盟商反馈问题的解决等。

比如，在很多企业中，总裁和副总裁、总经理、总监会形成一个高层群；总监则会和部门经理、主管形成中层干部群；基层主管则可能和小组长、业务员形成基层管理群。当一位经理即将升任总监并被邀请到高层群中，这种荣誉感也是组织激励的一种有效形式。

营销推广：近年来，“斜杠青年”这个词流行起来后，更多有想法的人着手撰写微信公众号，有的开始从事微商，为自己赚些零花钱，或者开启一条网络营销的副业之路。以前，没有更好的方法让更多人看到你写的文章，或者让陌生人购买你的产品，而微信群则是一个天然的开放场所。

比如，有些个人公众号的作者，会期望加入更多的微信群，把自己的公众号文章转进去，扩大展示量从而提高阅读量，从而增加粉丝。很多小微商也期望在各种群里增加好友数量，然后再通过朋友圈宣传自己销售的产品，从而增加销量。

技能提升：在当前这样一个充满知识焦虑的时代，由于社会发展速度超过了以往任何时代，人们发现自己的技能越来越不够用，加上知识付费的盛行，许多微信群正在成为一个个技能提升的学习型组织。

比如，很多人觉得自己的说话技巧需要提高，一些积极学习者就可能在朋友圈里喊一嗓子，组织对这个话题感兴趣的朋友一起共读一本书，或者共听一个知识专栏来提升技能。又比方说，大家觉得早起是一个好习惯，所以身边总有人会拉起一个早起打卡群，用互相激励的方式，在早上醒来的第一瞬间在群里打一个“1”，表示自己已经起床。

当然，更多的技能提升群很可能是一些技能提升类的网站，或知识付费类APP官方组织的学习社群，通过深度和精细化服务用户，给他们提供更多附加价值，从而留存用户，继而激励复购或者裂变新用户。

03<<

你收获的新知

每个人的微信群正在不断增变多，但人们却舍不得从群里退出来，这是个不争的事实。同时，我们也分析了人们进入各种微信群的动机，主要分为：情感链接、人际拓展、工作需要、营销推广和技能提升五种。

事实上，除了情感链接或者工作需要外，其余的三种群95%以上都会变成“一潭死水”或者沦为“不发广告浪费，发了广告无用”的广告群，人们的注意力也早已不在这里。

但有些运营良好的技能提升群却可以变成十分优质的社群，这些社群让人每天都会忍不住想进群互动，甚至一些人还会将群置顶。

7.4 知识社交：平台帮你处理知识焦虑

怎样才能让学到的内容真正留存?

如何破解“知道了那么多道理，却仍旧过不好这一生”的难题?

什么是PBL游戏化模型?

01<<

你有没有发现，随着知识付费这个概念在人们脑海中的深入，你很可能已经为此花了不少钱，囤了不少课，但只是下载在手机里却没有去听；又或者听是听了，但听了也就听了，听的时候很有获得感，但相关知识并没有真正在自己的脑子里留存下来，想要运用的时候，仍旧一片茫然。

是的，这是一个知识仿佛唾手可得的时代，即使是北大清华、耶鲁哈佛的名师，我们现在也可以在诸如喜马拉雅、得到等知识付费平台上学习他们的课程，汲收他们的思想精华。

然而，学习的本质不是炫耀，也不仅仅是为了缓解自己的焦虑，更不是说听了名校名师的课程后你就会变得多么博学，而在于让我们真正理解大师思想的精华所在，提升对这个世界的认知后把它们运用到实际的生活中，用它们去解决工作中遇到的难题——这才是人们通过知识付费真正渴求实现的目标。

正是在这样的背景下，一些具有知识社交属性的社群训练营自2018年开始在诸如喜马拉雅、小鹅通、唯库等平台上流行起来，成为一种非常适合人们工作之余真正学本事，同时交好友的有益方式。

02<<

什么是训练营呢？

通常的形式是一群有相同技能需求的人在同一个微信群里，以某个知识付费类的课程作为主要的教程，大家每天在群里通过收听后的内容，结合自己的理解写作业打卡，由一位或几位已经掌握这门课程的助教老师带着大家一起学习的一种知识社交模式。

训练营这种模式之所以行之有效，是因为人脑在使用不同方式学习的情况下，一段时间后，学习者的留存率是完全不一样的。根据美国著名学者、学习专家埃德加·戴尔提出的“学习金字塔模型”，人们学习的效率一共分为七个层次，其中前四层为被动学习，后三层则为主动学习。

第一层，听讲（Lecture）：这是我们最熟悉不过的形式，在学生时代，老师在上面讲课，我们乖乖在下面听。但对这种层次的学习，知识留存率是最低的，只有5%，我们平时所听的音频课程，实际也就只有这么点儿留存率。

第二层，阅读（Reading）：你现在正在进行的看书学习，就属于这个层次，阅读的知识留存有多少呢？很遗憾，也不太好，只有10%。

第三层，视听（Audiovisual）：这种方式除了声音之外，再用可视化的图片来帮助你理解，这样你就能大致记住20%。比如，下面这张图，就能帮助你理解学习金字塔是一个什么样的模型。

第四层：演示（Demonstration）：还记得你以前被老师叫到台上，给别人示范你所掌握的某一道题的解题思路吗？是的，"赠人玫瑰，手有余香"，经过一番演示后，你大脑中余下的内容可以达到30%。

第五层：讨论（Discussion）：从讨论开始，就正式进入团队学习、主动学习的社交模式，训练营往往会让社群里的学员联系自己过去的经验，与别人讨论运用一个技巧的得失，进而达到知识分享的目的。

比如，在人际沟通中，对“感谢的时候要看着对方的眼睛”这个知识点，之前分享者可能只是无意为之，但经过在群里和同学们这么一讨论，以后他就很可能（大约50%的留存率）在任何需要感谢的时候也能想起，并且在实践中锻炼这个技巧。

第六层，实践（Practice Doing）：很多人感慨：“知道了那么多道理，却仍旧过不好这一生。”没错，正是因为没有“实践”，所以就算“知道”也难以“用到”。仍旧以“感谢的时候要看着对方的眼睛”为例，如果一个学习者在遇到感谢场景中想起，并实际运用这种技巧，那么，他将来把这个动作变成习惯的概率就可以提高到75%。

第七层，教学（Teach Others）：这就是训练营助教的主要工作。训练营的运营方通常会邀请学习过这项课程的老学员成为助教，让助教帮助新学员学习。同时，助教也能巩固自己学习到的内容，可以把知识的留存率做到极致，概率甚至高达90%。

正是因为训练营的学习通过讨论、实践、教学，让所有人进入学习金字塔底部的主动学习领域，训练营中的学员学到的知识才会很牢靠，收听到的知识也才不仅仅是获得感，而是真正的“获得”。

03<<

除了内容能给学习社群里的学员带来真正的价值，一个运营良好的知识社交训练营往往还有经过行为设计的游戏化元素，这种游戏化策略被称为PBL游戏化思维。

PBL游戏化思维模型，是由美国宾夕法尼亚大学沃顿商学院副教授凯文·韦巴赫和丹·亨特在《游戏化思维》这本书里提出的一个行为上瘾策略。

PBL分别对应的三个单词是Points（点数），Badge(徽章)和Ladder(排行榜)。

点数（Points）：这是一个参与者在完成某个规定动作后可以得到的积分，是一种对行为过程的鼓励。比如，在一个为期21天的知识训练营里，针对学员每完成一次提交作业的记录，运营方都会给其一个绩点，绩点累计到6，就可以获得一枚徽章。

徽章（Badge）：是运营方给参与者的荣誉表彰。比如说，在前面那个训练营中，如果满分是21分的话，学员累计获得7个绩点，可以获得一枚设计精良的电子版“秀才徽章”，14个可获得“举人徽章”，21点满分则可获得“进士徽章”。当然，有些训练营也可能把名称做一下变换，如学士、硕士、博士徽章，等等。

不管徽章的名称是什么，徽章获得的同时无疑还向其他人暗示：我比你优秀。这就给学员们提供了一种较强的个人成就感，促使他们为了获得更高阶的徽章而更用心地投入学习。

排行榜（Ladder）：每隔一定的时间就会变换一下名次的排行榜，对人的激励作用非常显著。通常，一个运营良好的训练营会每天公布一次绩点排名。有些训练营还会事先做出承诺，获得前三名的参赛学员可以获得实物奖励甚至现金奖励。

有经验的运营方会在一些更长期（如运营40~60天）的训练营中，让所有学员毛遂自荐，报名成为小组长（领导和组织小组学习）、学习委员（督学，提醒小组成员完成作业）等虚拟职位，形成学习小组，让所有人进入一种沉浸式的学习环境中，并且形成真正的同学情谊。

如此一来，就算训练营结束后，小组成员之间也有很大的概率成为要好的朋友，甚至个别同学出差经过某位同学的城市时，他们还能线下见面，这样就真正实现了知识社交，拓展了优质的人际资源。

事实上，2018年12月，为期3天、总销量高达4.35亿的“喜马拉雅狂欢节”中，销售额排名前6的知识专辑中，有4个都是训练营产品。这也验证了一个事实：知识社交类产品已经成为一个新的小趋势，将成为下一个资本追逐的风口。

04<<

你收获的新知

知识社交训练营与学习金字塔的七层模型、知识留存率之间存在密切的联系，只有进入主动学习的阶段，我们才能过好这一生。

另外，通过行为设计心理学衍化而来的PBL游戏化模型，用对行为过程鼓励的方式激励训练营的学员进一步完成作业，从而收获认知，收获情谊。这样的知识社交模式，怎能让人不上瘾？

7.5 小复盘：社交是人类永恒的话题

本章我们讨论的话题由表及里，首先回顾你熟悉的“水面上”的风景：朋友圈拉人拼团，赠一得一享受福利，微信群和训练营组织等。另外，我们还深入“水下”，一起洞穿产品经理们的心法和技法，知道了他们运用什么原理，以及怎样运用这些原理、方法和工具让我们行为上瘾。

下面，我们将从“道法术器”的角度对本章的内容做一个回顾，当然，同时也会穿插很多案例，帮助你理解和拓展。

01<<

马斯洛人本主义心理学七层需求层次理论

心理学是人类一切活动的基础，是一种“道”。在现代生活中，生理需求和安全需求在绝大多数情况下早已被满足，但剩下的这五层需求里，虽然社交需求看起来只有一层，但其余的四种需求中，居于第四层的尊重需求、第五层的认知需求、第六层的审美需求，甚至最高层次的自我实现需求，事实上都和社交有千丝万缕的关系。

尊重需求：比如，有人在微信群里出言不逊、乱发广告、不尊重群主，会立刻被群主移出群聊。

认知需求：比如，朋友圈听课海报的流行，很多人为了能顺利听课，而转发裂变运营者指定的文案和海报。

审美需求：比如，女孩子们喜欢把自己美颜后的照片发到朋友圈，然后再用“老阿姨”“老母亲”这样的字眼形成强烈反差，以期得到亲朋好友的点赞和评论。

自我实现需求：比如，每天坚持跑步后留下的路线图、完成公里数和配速，晒出来让更多人知道的同时，丰富和强化了自己在朋友面前的人设，满足自身成就感。

正是由于产品经理们充分掌握了用户的心理，设计和迭代出满足人们各种层次需求的产品，我们在网络世界中才会如此乐此不疲、如醉如痴。

02<<

AARRR增长模型

如果说需求层次理论是“道法术器”中的“道”，那么，AARRR增长模型就是其中的“法”。这是产品经理们在实践过程中发现的移动互联社交中的大众行为规律。

你可能会说，我又不做互联网运营，我为什么要去学习、了解增长黑客模型呢？你要明白，只有知道江湖骗子的骗术，你才能不再落入圈套；只有清楚产品经理们洞悉你的规律，你才可以通过理解规律，洞穿“套路”，才能得以对那些看起来花里胡哨却并没有实际真正“获得”的运营行动产生免疫，避免自己把时间和金钱花费在没有必要的事情上。

比如，你明明对一件衣服不感兴趣，但架不住它如此便宜，冲着这个明显低廉的价格，你就会点开链接一探究竟。如果你理解AARRR模型，就会立刻意识到，你中了第一个A（Acquisition）——获取用户。

紧接着，系统会弹出一张海报，邀请你玩一个抽奖小游戏，幸运者有机会0元就能把这件衣服带走。你点击抽奖转盘：恭喜你，获得满120元立减12元优惠券一张。这就是第二个A（Activation）——促进活跃。

当你发现这张优惠券显然自己用不上，就想关闭页面，此时系统又弹出一张海报——“恭喜你，完成了今天的签到”，请你明天再来。而且每天都有一次抽奖机会，签到满7天还能获得超大额优惠神券。没错，这是第三个字母R（Retention）——提高留存。

你好不容易坚持签满7天，登录这款应用似乎已经成为你的习惯，你也终于获得了超大额优惠券，全场满299元减150元！费尽九牛二虎之力得到的优惠券，浪费了实在太可惜。于是你又花了半小时挑选商品，终于支付完成，坐等宝贝发货。恭喜你，此刻你完成了别人期望你完成的第四个字母R（Revenue）——让企业“获取收入”。

最终，心满意足地用掉这张大额优惠券的你，发现屏幕上有一个计时器在倒数，你仔细阅读文字：你的宝贝即将发货，1小时内转发朋友圈，分享给朋友，朋友也可以获得福利，同时还额外附赠您手套一副。

是的，AARRR模型的最后一个字母R（Refer）跃然纸上——一副成本不到2元的手套就能使你发一条朋友圈，促使你完成“自主传播”的动作。

这一番行云流水的用户行为设计简直天衣无缝，所以，理解了AARRR模型之后，你看到的就不再是一个个割裂的过程，而是能够了解真相，看清每天在你朋友圈里发生的社交传播行为背后的本质，洞悉每一个APP引导你行动背后的逻辑，不被产品经理的心理设计左右，不花钱购买自己不需要的产品，也不把时间白白耗费在这个小小的屏幕里。

03<<

入群动机

分析和利用“动机”是术的层面，但动机的背后是人们对社交连接的渴望。

事实上，除了我们在本章前面讲过的情感链接、人际拓展、工作需要、营销推广和技能提升这五种大众动机之外，还隐藏着另一种值得警惕且非常容易被人利用的“社交动机”——“聚众赌博”。

我们都知道，微信红包有一种随机红包的玩法，它本身是促进微信群活跃、亲人好友之间互相祝福的一种工具，但在一些赌博社群中，这一“随机”特性却被赌博群群主（庄家）充分利用，甚至变身为赌博工具。

PBL模型

PBL模型是一种工具，可以说是我们中国语言体系中的“器”。这种工具在知识训练营里的实践并非首创，在许多需要多人互动的游戏中，我们经常可以看到PBL模型的身影。

比如，《魔兽争霸3》中的“竞技天梯”就是其中的典型。电子竞技玩家在每个赛季都会从50级开始，晋级即可成为49级，级数越小排名就越靠前，最后根据一个玩家的胜场次数和胜率作为评定玩家排名的依据。

随后，全球玩家根据不同的地区会形成不同的赛区，在这种全球性竞技的背景下，哪怕在天梯中能跻身亚洲赛区前1000名都是一个极大的荣誉。这种荣誉感会驱使玩家投入大量时间和精力——不仅实操实战，还会疯狂回看比赛录像，复盘总结自己在战术和操作上的得失，甚至于将玩游戏当作自己的职业。

如果你觉得《魔兽争霸3》已经过时了，那么，就以《皇室战争》为竞技内容的战争职业联赛CRL（Clash Royale League）为例。这是当下最热门的全球性电竞赛事之一，它同样以PBL模型作为核心框架，CRL联赛仅仅一个赛季就有超过2700万人参与，而不少年轻人已将电子竞技当作养活自己的职业。

04<<

清醒思考

行为上瘾原理之六：社交元素——产品经理追逐的游戏。人是社交动物，对社交有强烈需求，所有带社交属性的产品都天然具有俘获人心的功效。想要不被移动互联产品“套住”，你就要了解AARRR模型。

AARRR模型是一套充满章法的范式：利用吸睛手段获得用户，激发用户的兴趣，促进活跃度，用利益驱动养成用户的消费习惯，赠一得一分享裂变，一环扣一环，如此循环而往复。

你每天都在使用微信群，那么多群里每天有那么多留言，如果你做不到“少则得，多则惑”，那就得屏蔽绝大多数的群。其实，即使如此你也损失不了什么。

PBL模型是一种充满魔性的工具，给人荣誉，让人攀比，促使人去追逐一个看得到的目标。但“器”可以帮助人，也能毁灭人。

当你从理性上发现它在“毁灭”你，而从感性上却上瘾沉迷，那么你就需要跳到“器”外，看清“器”本身，这样就更容易掌控自己，而不被“器”左右。

我们要如何摆脱行为上瘾

从本章开始，我将和你分享四种力量，来帮助你有范式、有步骤地掌握这些力量，从而不仅让你逐渐掌控自己的上瘾行为，还能通过驾驭它们成就更好的自己。

Part 8

清醒思考：

有效脱瘾——让你拿得起、放得下的行为训练

8.1　习惯的力量：让一个好习惯代谢掉一个坏习惯

如果你想减肥，但你几乎每天都要喝两瓶碳酸饮料，下面哪种策略比较好：

A. 用意志力抵抗　B. 改喝茶饮料　C. 改喝零度可乐　D. 视情况而定

01<<

我们经常会产生这样的懊恼：一刷小视频就刷走了原本打算学习的2个小时；一看剧就毁掉了自己整个周末的安排；一玩游戏就玩完了整整半年；考证、考研的年度计划一拖再拖；8小时外发展某一技能的企图心也束之高阁。

父母唠叨、伴侣失望、自我贬低，就连孩子看到每天拿着手机的自己都央求你放下，说："爸爸（妈妈），你再不陪陪我，我就长大了！"

你当然知道自己的上瘾行为不好，但情绪却驱使你犹犹豫豫，放下手机又不自觉拿起。你焦虑地左右滑动屏幕，但最终还是点开了那个让你魂牵梦绕的APP。

而当你重新放下手机时，负罪感油然而生，娱乐过后紧接着而来的是更深的焦虑。你开始暗暗抱怨自己没有意志力，然而，读过前文的你其实也知道，意志力是靠不住的——它的力量是有限的，而且你越是让自己不干嘛，偏偏就忍不住去干嘛。

02<<

幸好，移动网络不仅带给你难以抗拒的上瘾诱惑，还会为你带来真正有效的“认知干货”。比如《习惯的力量》的作者查尔斯•都希格，他的学术背景深厚，是耶鲁大学学士、哈佛大学硕士，而且实战经验丰富、表达能力卓越，曾经在《纽约时报》做商业调查记者，甚至入围普利策奖。

在《习惯的力量》中，都希格提供了一个方法，能有效地帮助行为上瘾者彻底改掉其上瘾习惯。他把这个方法称为改变习惯的“黄金法则”。

都希格的黄金法则之所以科学合理，是因为它符合我们之前讲的上瘾原理，也就是在一些情况下，我们会被“触发”，它会促使你开始进行一个“上瘾行为”（都希格把它称为“惯常行为”），而这个“上瘾行为”必然能带来大脑的奖赏（多巴胺的分泌）。

如此往复多次，由“触发—上瘾行为—大脑奖励”形成的上瘾回路就会变得越来越自动，结果，一个上瘾习惯就这么养成了。

03<<

虽然上瘾习惯很顽固，但在都希格看来，要想改变它其实并不困难，可以采取以下四个步骤：

第一步，确定触发特征。首先，我们要搞清楚，自己通常是处在什么样的情景下会发生上瘾行为，比如都希格在他的书中举了一个咬指甲上瘾的少女的临床案例。

这个少女从小就养成了啃指甲的习惯，这种上瘾行为让她自己非常讨厌。但她仍然控制不住自己，每次都会咬到出血才停下来，这使她的每片指甲都与手指的皮肤脱离，严重影响了她的社会交往。

由于指甲的形状难看，在他人面前，这位少女不是把手握成拳头将指甲隐藏起来，就是把手插进口袋不让别人看见。

屡次使用包括意志力在内的方法戒除上瘾失败后，她不得不寻求心理医生的帮助。

心理医生问她：当你把手伸到嘴边咬指甲时，你有什么感觉？

少女说自己的手指有些不自在，指甲根部有些痛，有时还会用拇指去摸其他手指，摸到有倒刺的时候，就会开始咬指甲，然后一个接一个，就像剪指甲一样，用牙齿去清除指甲边缘的粗糙部分。

没错，指甲感觉不舒服，正是少女要去咬指甲的触发特征。

第二步，厘清何种奖励。依旧以这位病患为例。起初，心理医生试图直接让少女梳理咬指甲的原因，但通常对于普通患者来说，这是一件特别困难而难以描述的事情。而当他们进一步详细回忆时，少女记起自己在诸如看电视或做作业等场景时，咬指甲的动作会频繁出现。而且，最奇怪的是，每当她咬完所有的指甲时，会产生一种十分强烈的充实感。

心理医生立刻抓住了重点——这个上瘾习惯的奖励反映出少女期待获得这种能带来充实感的实质奖励。

第三步，寻找相同刺激。既然少女内心的无意识想要的是这种能带来充实感的实质奖励，那么，这种奖励有没有可能通过其他方式获得呢？

为了研究替代方案是否有效，心理医生给少女设计了一张索引卡，并给她布置了一个任务：

当觉得指甲不舒服时，在索引卡上打个勾。

当依靠某种替代方案成功克制咬指甲行为时，就在一旁再画一条斜杠。

实践果然能出真知。少女尝试了多种方法，最后，数据为她锁定了几种替代行为，诸如摩擦手臂、在桌子上敲指关节等“无害行为”都能迅速产生相同或相似的刺激，从而给她带来这种充实感。

第四步，新老习惯更替。既然新行为同样可以产生类似充实感的实质奖励，那么，新的“无害行为”就能果断替代之前会对自己或他人造成不良影响的有害的上瘾习惯。

这种用新习惯替代老习惯的方法，正是我们所说的“习惯的力量”。心理医生把这种方法称为“相反习惯疗法”。

在使用相反习惯疗法的一周后，少女的索引卡上的数据显示，她咬指甲的行为迅速下降为原来的43%；一个月后，该习惯被彻底治愈，咬指甲的行为已经完全被新行为替代，少女彻底被治愈了。

事实上，除了咬指甲，相反习惯疗法还被广泛用于抽烟、赌博和强迫症等其他行为性问题上。都希格告诉我们，正如这位少女不知道咬指甲的真正原因在于对“实质性刺激的渴望”，大多数人在有意寻找驱动自我行为的渴求感之前，通常并不真正了解自己。

04<<

你收获的新知

“相反习惯疗法”是一种能有效帮助人们改变行为上瘾习惯的方法，它被分为四个步骤：确定触发特征、厘清何种奖励、寻找相同刺激和新老习惯更替。

通过使用这种疗法，大量的临床案例改变了原先用意志力无法改变的坏习惯，摆脱了行为上瘾的魔咒。

既然你理解了这些步骤和原理，那么，刷剧也好，沉湎于游戏也罢，在忍不住打开这些剧集和APP时，不妨尝试分析一下到底是什么在驱动你渴求它们，它们到底能带给你的内心什么奖励，这才是真正值得我们去深究的问题。

有些人找到了这个答案，他们通过一个新的习惯替代了它们，比如开始每周写公众号，获得周围人的点赞和打赏；有些人开启了直播，从一个小视频内容消费者华丽转身为内容创造者，不仅挣脱了原先深陷其中、欲罢不能的窘境，还能在工作之余赚取一份额外的收入，获得另一种真实的成就感和乐趣。

8.2 微习惯的力量：瓦解上瘾习惯的独家“秘诀”

如果你想养成每天跑步的习惯，你认为下面哪种策略比较好？（多选）

A. 在墙上贴上“自律让我自由”的口号

B. 用意志力告诉自己一定要坚持

C. 每天固定时间，跑上50米

D. 在日历上做好今天完成跑步任务的记号

01<<

“习惯的力量”虽然强大又有效，但有些时候，如果没有心理医生的干预和帮助，我们不可能找到能带来相同的刺激且给予我们大脑相同的奖励，从而替代上瘾习惯的新行动和新习惯。而且，新习惯的培养也需要时间，可能还没等新习惯培养起来，我们可能又回到老的上瘾习惯里去了。

你可能会说，难道要克服行为上瘾非得去心理诊所不可吗？答案当然是否定的。你需要做的是进一步升级自己的认知，理解我们的第二种力量——“微习惯力量”。

微习惯是一种自我新习惯养成的有效方法，这个方法出自美国作家斯蒂芬·盖斯的《微习惯》（*Mini Habits*）一书。

盖斯本人和绝大多数的畅销书作者很不一样，他原本就是一个懒虫，每次都期望改掉坏习惯，但一次次被自己打败。为了改变自己，盖斯研究了很多年各种习惯的养成策略，终于自创了一套“简单到不可能失败的自我管理法则”。然后，他又通过把微习惯的方法撰写成书的方式，最终收获了来自全球各地读者的赞赏。

盖斯总结的这套方法特别适合意志力薄弱的人，因为他本身就是这么一个人。但正因摸索出这套方法，他不仅写出了畅销书，还练出了很多人梦寐以求的八块腹肌。

讲到这里，我猜，你一定很想知道微习惯到底是怎么一回事儿。下面就是这套策略的相关介绍。

02<<

微习惯之所以用“微”来形容，是因为这种习惯的养成方法非常微小。比起很多人在新年给自己立下的目标，诸如：“每个月看完一本书”，“每天做20分钟锻炼”，“每周写一篇600字读书笔记”……来说，微习惯的条件少到令人不可思议。

盖斯的办法是用简单的挑战让自己行动起来——因为他给自己定的目标是：每天挑战一个俯卧撑！

如果你是第一次接触微习惯，你一定会惊讶得合不拢嘴，这个目标也太容易实现了！但正是这“一个俯卧撑”的目标让人容易坚持，所以在大脑还没有发出阻碍信号时，你就已经开始做俯卧撑的动作了。

而一个俯卧撑做完之后是立刻停止吗？不，因为人的动作是有惯性的，第二个、第三个俯卧撑就仿佛“牛顿第一定律”一般，让人做更多。

同样的道理当然也可以用在读书、写作、训练自己专业技能等方面。当以上的某一种行动变成你的新习惯，且替换掉以往的上瘾习惯后，你就能像盖斯一样，真正地实现习惯跨越。

事实上，作者盖斯一开始给自己制订的计划是每天写50字。但几个星期、几个月过去后，他已经可以每天写2000字了。甚至，在出书立著之前，他就已经成为美国本地著名的学习博主，并且把写作变成了自己的职业——真正遇见了一个“未知的自己”。

03<<

你一定很奇怪，如此简单的一个策略为什么会产生这么强大的效果呢？

其实，在此之前，盖斯也走过不少弯路，他尝试过打鸡血式的“动力策略”和悬梁刺股式的“意志力策略”。但前者很容易受到人的自身心态和边际效益递减效应的影响，效果与日俱减，后者则需要强大的意志力。

我已经反复强调过，意志力是有限的，是损耗品，根本不足以支撑人们的长期行动。根据统计发现，“21天养成一项习惯”的说法是没有科学根据的。一项习惯的养成少则18天，多则254天。因此，无论是“动力策略”或者“意志力策略”，都无法驱动自己进行一项耗时那么久的行动。

但微习惯策略却与它们不同，它的启动几乎没有成本，根本不会让你的大脑生出“想想就害怕”的念头，而且这种“微目标”的灵活性很高，哪怕你仅仅是利用极短的碎片时间，都能完成每天“阅读50字”的目标。

而当你每天都能按时按量完成目标时，你对自己的评价就会提高。连续3个月完成每天“阅读50字”的目标，真的是再简单不过了，你想不形成新习惯都难。

04<<

既然你已经理解了微习惯的原理，下面，就让我们具体来看一下培养“微习惯”的七个步骤：

第一步，选择习惯定目标。人有贪欲，就连目标都不例外。但正所谓“多则惑，少则得”，就算制定微目标，也应尽可能将目标控制在三个以内。因为你的目标是长期的，太多的目标会给大脑带来负担，会因为担心今天漏了哪个目标而产生畏难情绪，这样就和初衷相背离了。

第二步，赋予目标意义。我们知道B=MAT，其中B（意义），也就是动机，是能产生行动的重要因素。既然需要的A（能力）已经被我们无限缩小，那么当意义足够时，行动就更容易被触发。

比如，“每天做一个仰卧起坐”的意义是保持身体健康。因为生病的代价太大了，去一次医院少说也得花费几百元。相反，“每天一个俯卧撑”就能让我们保持健康，帮我们省钱，这样是不是更能增加你行动的意愿？

第三步，纳入日程之中。将你的微习惯纳入你的日程，在固定时间去做，这样不仅能增加你的仪式感，而且由于到时间就去做某事，这个微习惯就会被逐渐“写入”你的生物钟，这个习惯也就更容易坚持。

这里还有一个窍门：执行微习惯，宜早不宜晚。因为当你到临睡时才去做，很可能会被其他突如其来的紧急事件延宕，因为没时间而中断微习惯的执行。如果能将执行微习惯的时间定得更早，这样时间就会有更大弹性，也能确保自己能够完成这天的微任务。

第四步，建立奖赏机制。我在讲“习惯的力量”时说过，习惯之所以能建立，是因为“触发—行动—奖励”的大脑奖励回路是不断强化的。那么，为了让微目标能在一定的时间后演变为真正的习惯，奖励机制是必不可少的。

比如，你可以在完成“每天阅读50字”任务后奖励自己吃一块巧克力（如果你喜欢的话）。又或者，每次完成“一个俯卧撑”任务后，看几分钟小视频犒劳自己。

第五步，记录完成情况。看得见的痕迹本身就是一种奖励，它能让自己更有成就感。比如，你可以在日历上打勾来记录当天任务是否完成。又或者使用“小打卡”“马上打卡”或者“小小日签”等小程序，将自己的行动发到朋友圈，让朋友成为你微习惯践行的见证者。

第六步，超额完成任务。微目标是为了让自己起步，它是一种触发机制，当你感觉良好的时候，就会在目标完成之后让自己多做一点，比如多做几个俯卧撑，多写几个字，多读几页书。正如“一万小时定律”所说的——时间用在哪里，产出就会在哪里。

第七步，永不提高目标。你要知道，微目标的目的是让自己更容易行动，如果对自己要求过高，结果往往事与愿违。当你的微目标变成50个俯卧撑时，“想想就害怕”的情绪会重新回来。你要做的仅仅是在感觉不错的时候挑战更多的惯性。要记住：长期持久大于单次优秀。

当你学会了以上七步时，不出3个月，一个崭新的习惯就会应运而生，用它去替代以前让你上瘾的习惯。

05<<

你收获的新知

微习惯就是贯彻小到不可思议的目标。它之所以能奏效，是因为微目标不会让人产生“想想就害怕”的消极情绪。并且，由于微习惯做起来简单，每天都能按时按量完成，所以能让我们对自己产生不错的评价。

要想养成一个微习惯，一共有七个步骤，它们分别是：

选择习惯定目标、赋予目标意义、纳入日程之中、建立奖赏机制、记录完成情况、超额完成任务和永不提高目标。

只要遵循这七个步骤，你也能在一段时间后有效改变上瘾习惯，建立起新的良好习惯。

8.3 环境的力量：为什么只有5%的士兵毒瘾复发

你认为下面哪种策略有助于帮助你戒掉玩游戏的上瘾习惯？（多选）

A.把游戏卸载掉

B.用意志力牢牢抵抗它的诱惑

C.自建一个兴趣微信群，并定时讨论

D.换一个朋友圈

01<<

上一节的微习惯策略一定颠覆了你的认知，因为它也曾经颠覆我的认知，让我拍案叫绝。现在，我已经通过每天坚持完成“写50个字”的微目标，培养出了不间断写作的习惯，而且已经成为一名作家。此刻，我正在为你写我人生中的第三本书。

那么，还有什么方法可以进一步帮助我们摆脱上瘾行为，建立更好的习惯呢？

没错，那就是这一小节要和你讲的第三种力量——环境。

有一项调查发现，越南战争期间，有将近10万美国士兵在战场中沾染了毒瘾，这让时任美国总统的尼克松非常担心——因为所有人都能想象瘾君子在毒瘾发作时不计后果的破坏力，更何况他们还是身携武器的军人。

为了控制这种不良的预期，尼克松任命研究员李·罗宾斯对这10万人进行追踪。然而，出乎所有人的预料，原本毒瘾的平均自然戒断率只有5%，但在这10万人中，真正毒瘾复发的士兵居然只有5%。

这当然是一件好事儿，但这到底是为什么呢？

罗宾斯为了研究这种反常现象背后的缘由，请专家团通过一个个影响因子做对比分析，最终，他找到了对这些士兵产生最大影响的核心因素：环境。

02<<

环境的力量之所以能产生效果，依旧绕不开“触发—行动—奖励”的回路模型。

对这些军人来说，战场的残酷和对现实的绝望，必然会产生一种“还能不能看见明天的太阳”的焦虑。这种焦虑反复刺激着士兵们去使用当地唾手可得的毒品，用海洛因来麻痹自己，以期自己能够在你死我活的战场上活得痛快一点。

而回国后，每个士兵都重新投入相对安逸的生活和职业环境中，原本恶劣环境的触发因素急剧减少。没有“触发”，自然就很少有人“行动”（吸毒），而没有“行动”就不会上瘾——这个回路模型就自然而然地瓦解了。

同样，人们常说：“知识往往无法改变一个人，但环境可以。”这也是因为在一个学习气氛浓郁的环境中，其中的每一个个体都会被其他个体触发。当然，每一个人也会成为触发他人的人。

比如，我们经常听说某学校的某个寝室是“学霸寝室”，成员个个都获得奖学金；而另一个寝室则是“学渣寝室”，成员没有最差只有更差。

这是因为，在“学霸寝室”里，一位同学可能早上6点起来学习，这就触发了另一个人5点半起床，而5点半的这位又触发另一个人5点起床，最后所有人都5点起来，安静而不失和谐地营造起浓郁的学习氛围。

“学渣寝室”则恰恰相反，一个每天晚上往床上一躺就开始玩游戏的室友，很可能吸引另一个人加入，其他人看到这两位玩得不亦乐乎，随之也很可能积极响应参与，最后整个寝室的同学甚至还能组成一支4人小队，每天刷积分、冲战榜。虽然这样能够在虚拟世界里称王称霸，但在现实的校园生活中，他们是无法完成学业的，当然也会沦为别人眼中的“学渣”。

03<<

那么，怎么做才能用好环境的力量，让环境成为自己的助力而非阻力呢？我对此梳理出三种策略：

第一种策略：远离诱惑环境。如同越南战争归来的士兵那样，远离诱惑环境意味着要远离那些对你产生上瘾行为的触发点。比如说，如果你想让自己彻底摆脱手机游戏的诱惑，最简单的方法就是删除账号，卸载游戏。

你可能会觉得很舍不得，毕竟，这可是自己努力了好几个月甚至几年的心血啊。你还记得前面提到的“沉没成本”吗？游戏的产品经理正是期望你投入时间和精力，让你产生足够的“沉没成本”，从而利用每个人都有的损失厌恶心理圈住你，把你的注意力、时间和金钱都交付在其产品中。这样他才有DAU（每日活跃用户数），才有购买游戏道具的收入，他的KPI（关键绩效指标）才能过关，年底才有可观的年终奖。

还记得对付“沉没成本”的最佳策略吗？没错，就是鳄鱼法则：如果有一只鳄鱼咬住了你的脚，你下意识地用手去试图挣脱，鳄鱼就会同时再咬住你的手。你越挣扎，就被咬住得越多。所以，如果你发现你的脚被鳄鱼咬住了，最佳策略就是牺牲你被咬住的那只脚。

及时删除游戏，及时地远离诱惑环境，运用好鳄鱼法则，不轻易投入，你就往摆脱上瘾的方向又迈进了一步。

第二种策略：融入积极环境。如果你不幸身处一个每天晚上都组队玩游戏的寝室，或是一个上班时间抽烟喝茶、无所事事的部门，那怎么办？除了逃离之外，你需要认真评估自己的个性，去寻找和加入那些符合你自身的组织，让其成为你积极的触发点。

比如，如果你喜欢读书，可以设法找到学校里的读书社团，加入其微信群。因为有些有资源的社团能给你提供写书评免费获得实体书的机会，有些甚至是有偿约稿。

身处职场的你就算现在在公司或者部门看不到发展前景，也可以设法付费加入一些技能学习社群。这些学习社群不仅会每天触发你学习打卡，而且群里还藏着许多高手，这些弱连接很可能会在未来为你提供工作机会。

第三种策略：构建自创环境。我们说过，想要改掉上瘾的坏习惯，最好的办法就是找到一种积极的好习惯去替代它。比如，删除游戏后，你有很多空闲时间，这种空虚感诱惑着你重新把它们下载并安装。

我们要先忍住。如果一时半会儿找不到一个组织加入，我们也可以自创环境。每个人都有兴趣爱好，你可以以自己的兴趣作为切入点，构建一个以兴趣为链接枢纽的社群。

比如，你对怎么说服别人这个话题很感兴趣，你就能在朋友圈屏蔽同事的基础上吼一嗓子，建一个说服力加强训练营，在豆瓣上找一些评价高的书籍作为核心素材，共读和训练自己的说服技巧。

又比方说，你对拍小视频很感兴趣，而抖音APP里面也有很多专门教人如何拍摄高质量短片的教程，我们同样也可以拉群共学。

当你输出的内容发布在公众号、简书、抖音APP上并获得点赞、打赏时，你就成功启动了一个崭新的“触发—行动—奖励”回路。在这条新的回路中，你就为自己创造了一个积极向上的环境。

04<<

你收获的新知

环境之所以对上瘾行为产生强大效果，仍旧源于“触发—行动—奖励”的回路模型。由于在旧环境中存在大量高频的触发点，这就导致了人们不停地被触发、被行动、被奖励，就像进入“老鼠赛跑”游戏中一般深陷其中。

为了摆脱环境对你产生上瘾的激励，我为你介绍了三种策略，它们分别是：

远离诱惑环境、融入积极环境和构建自创环境。

期望你在运用了这些策略后，能够快速地摆脱你痛恨已久的上瘾行为。

8.4 工具的力量：番茄工作法 VS 印象笔记

什么是番茄工作法?

番茄工作法的五个步骤是什么?

怎样使用印象笔记让你成为一个高效的人?

01<<

通过上一小节的学习，你现在已经知道了环境对人的影响。在这些环境中，每时每刻都可能发生触发。比如，中午你刚打算点开朋友圈看看，而你周围上进心爆棚的同事们都在一个个儿埋头写PPT，这让你立刻打消了念头，放下手机，也打开办公软件，看看自己的方案还有没有需要修改的地方。

可见，环境的触发作用实在是不容小觑。好了，问题来了，如果你一时半会儿还没有这样的大环境，那要怎样才能构建一些有着良好习惯的小环境呢?

这个答案正是我要向你分享的第四种力量——工具。

这里的工具不是指工人用来做工的锯子、榔头、老虎钳，而是指经过大量实践验证的范式。这些范式不仅能让你摆脱上瘾，还能治疗拖延症，甚至能帮助你建立高效的习惯。

本小节要推荐给你的两个工具分别是“一种植物”和“一种动物”。下面，我就分别来带你认识它们。

02<<

第一种工具：番茄工作法

番茄工作法出自瑞典作家史蒂夫·诺特伯格的著作《番茄工作法图解》。这种工作法最核心的作用就是能够帮助你解决注意力无法集中和拖延症两大问题。

番茄工作法的要素是“番茄钟”。所谓番茄钟，就是把你的任务列出清单，同时将工作时间按照30分钟一个时间段分成若干个小块，其中前25分钟用来专注地做清单上的任务，后5分钟则是一次彻底的休息。

这样，一个由25分钟的专注时间+5分钟休息时间所组成的30分钟，就称为一个番茄钟。

番茄钟的方法之所以会奏效，有三个原因：

首先，它符合我们之前讲的“心流”理论：25分钟高挑战和高技巧的全情投入，很容易让人进入心流。

其次，工作时的25分钟，我们主要使用左脑，而休息时的5分钟，则是右脑相对活跃的时间。这样一张一弛的工作法不仅科学，而且高效。

最后，当你多次练习番茄钟工作法后，你的大脑就会逐渐适应这种充满仪式感的方法，并养成习惯。

番茄工作法的具体流程其实也不复杂，可以分为五个步骤：

第一步，计划。在计划阶段，你需要准备好所有待办事项的清单、今天要做的“今日任务”清单，以及马上要着手开始做的“当下清单”。当这三个清单都准备好时，我们就能进行下一步。

第二步，执行。在工作的25分钟里，你很可能会遭遇两种“打断”，一种是来自你内部的打断，比如，突然想上厕所、突然想吃点东西、突然想打开手机看看有没有微信新信息……应对这种来自内部打断的对策，是要做好记录，将待办事项先搁置一旁，待会儿再做。

另一种打断来自外部。比如，你的同事突然来找你、忽然电话响了、老板忽然叫你去开会，等等。除了领导召唤这种情况下你不得不停下手里的事情去做外，面对前两种打断，如果事情并非十万火急，你都可以告诉他们，自己一会儿就好，然后再重新回到工作的25分钟里去。

那么，5分钟的放松阶段你又能做些什么呢？最好的方法是站起来走动走动，或者倒杯水，和不忙的同事聊一聊。条件允许的话，做一段冥想就再好不过了。

第三步，记录。记录是一种反馈，你可以通过25分钟推测自己究竟被打断了几次，是由于什么原因被打断的，当然，你也要记录完成番茄钟的次数。还记得奖励回路模型“触发—行动—奖励”吗？完成番茄钟的成就感会让你爱上这种工作法。

第四步，处理。处理的内容自然是你记录下的信息，有些是答应“一会儿去找他”的同事，而有些则可能是你25分钟阶段里的“灵光一闪”。不少时候，你可以在那些“灵光一闪”中找到事后被验证为绝妙的点子。

第五步，复盘。整个执行过程到底是磕磕绊绊还是行云流水，你是被自己内部打断后没忍住又去玩手机去了，还是该记录的时候没记录遗漏了重要的事情？又或者不懂得如何拒绝同事，破坏了自己的番茄钟？把这些问题回顾一遍，让自己在下一个番茄钟里做得更好。

03<<

第二种工具：印象笔记

印象笔记的图标是一只绿色背景的大象，它是一款在PC端和移动端互相打通信息的工具，这款工具最重要的作用就是随时随地记录。你在走路时的一个主意或待办事件，都可以迅速用这款APP来记录。而且，PC端和移动端是同步的，你坐到电脑前，这条记录就已经出现在电脑上了。

另外，印象笔记也是配合“番茄工作法”的重要伙伴。

你可能会问，能记录的工具多了去了，为什么你会认为印象笔记是小环境“触发问题”的良好解决方案呢？

我是以一个用户的身份来向你分享这款APP。比如，我通常会专门开一条记录，并把标题命名为：每天3件重要事儿，然后把这条记录的内容分成以下三个板块：

最上方，年度任务：很多时候，我们嘴上说“不忘初心，方得始终”，但更多时候却容易在过程中迷失方向。所以，我通常会把今年要做的最重要的3件事情写在最上方。这样每次打开这条记录时，它们都会形成触发，提醒我今天做的事情是否和年度任务有关，年度任务有没有每天在推进。

比如，写这本书就是我的年度任务之一。我的计划是每周写2~3篇2500字以上的稿件，但有时工作一忙，这件事情就会跑到我的注意力之外。好在，我已经养成了每天用电脑或手机打开印象笔记的习惯，这只“大象”每次都会提醒我：年度任务要推进，勿忘。

中间部分，中期项目。中期项目不是几个礼拜就能完成的事情，所以也需要每天时不时地提醒自己。不过，我们有时候会发现，有些中期项目不值得去做。这时候就要果断地做减法，重新评估并删除它们，不要为了显示战术上的勤奋，而去选择战略上的懒惰。

中间以下，周任务。“周任务”通常是中期项目的分解，有时也是一些临时起意加进来的任务。之所以用“周”而不是用“天”，是因为如果以“天”来记，每天都会有一半甚至更多的任务无法顺利完成，这就破坏了“触发—行动—奖励”回路里的奖励机制，会打击我们完成任务的积极性。

而如果以“周”为单位来安排任务，这样的话，大部分的任务能在当周顺利完成。就算有少数任务没有完成，也可以被重新安排到下一周。这个礼拜任务完成的成就感依旧能形成激励，从而促使我们使用“番茄工作法”一个个地去做任务，获取心理满足感。

04<<

你收获的新知

番茄工作法和印象笔记是能使你构建良好小环境的工具，它们能在你养成习惯后对你形成良好的有效触发，接着让你在“触发—行动—奖励”回路中停不下来。

番茄工作法是一套有系统范式的工作方法，通过计划、执行、记录、处理和复盘五个步骤，把每个30分钟用好。

印象笔记则是一款打通移动端和PC端的应用，通过我向你推荐的年度任务、中期项目、周任务的记录法，你也能摆脱上瘾行为，成为高效能人士。

8.5 小复盘：四种力量帮你拿得起、放得下

就像你看到的，这本书已经临近尾声了，这是我们最后一次复盘了。

事实上，每一次复盘你都可以认为是一种“触发”，这种“触发”通过一个原理的不同角度、不同案例让你对它产生更深刻的理解。而不是看完一本书，就完成了一次任务，获得虚妄的获得感。

所以，为了真正有所“获得”，我希望你仍然和之前一样，详细和我一起回顾一下本章所讲的四种力量，然后习得这四种力量，把它们真正内化成你自己的东西。

01<<

第一种力量：习惯的力量

习惯的力量的核心，其实就是用一个新习惯代替一种老习惯。但这个办法说起来容易，做起来却有难度。其原因在于要知道怎样替换才有效，以及替换的步骤是什么。

从替换的成功率来看，最佳的策略是在“触发－行动－奖励”

回路中不去和“触发”与“奖励”较劲，而是找到能替代“老行动”，并且能产生相同“奖励感”的新行动。

比如，对一个游戏上瘾的人来说，触发他打游戏的原因，很有可能是因为上了地铁后无事可做的无聊感。如果你让他直接用读电子书替代打游戏，他可能根本做不到，因为阅读电子书无法产生像获得装备一般的快感。

但如果让他换成学习一件他感兴趣的技能，并且在学习完之后打卡获得积分，以此为基础上升自己的学习排位，就很可能达到相同的满足感。那么用这种方式来替代玩游戏，显然是更高效的选择。

替换习惯的步骤分为：

确定触发特征：比如是否感觉一无聊就想玩游戏。

厘清何种奖励：要明白玩游戏仅仅是为了打发无聊的时间，还是获得装备后的满足感。

寻找相同刺激：去尝试还有哪种行动能带来相同或相似的奖励刺激。

新老习惯更替：用同样能带来类似奖励刺激的新习惯代替原来的上瘾行为。

02<<

第二种力量：微习惯力量

在使用第一种力量时，很多人由于一时半会儿无法找到能产生相同或相似奖励刺激的行动而半途而废。此时，为了替换老习惯，你可以通过第二种力量——微习惯的力量来树立新习惯，这样就会更容易实现目标。

微习惯力量一共分为七个步骤：

第一步，选择习惯定目标。贪多嚼不烂是我们时刻要记住的法则，设定目标的时候要谨记：一次目标不超过三个，最好只定一个目标。

第二步，赋予目标意义。比如，你可以为每天写代码的工作赋予意义。可以假想：每天写一行代码可能在将来让你获得30万元等值购买力的年薪。这样一来，你就有更大的动力去执行这个每日目标。

第三步，纳入日程之中。还是以写代码为例，每天在固定时间写代码，而且早上写比晚上写好，因为早上没写后面可以补救，晚上如果被其他事情耽搁了，当天的任务就延误了，不利于自己获得完成任务的成就感。

第四步，建立奖励机制。上瘾的核心是“触发—行动—奖励”回路，在你完成每天的任务后，给自己相应的奖励会实实在在地帮助你强化微习惯的养成。

第五步，记录完成情况。记录完成情况最直观的方式是用日历。每天完成后在日历的数字上打个勾，每个月拍照发一次朋友圈，以此来记录自己的成果，鼓励自己继续做下去。

第六步，超额完成任务。给自己成果激励的方法还包括超额完成任务。拿写代码来说，既定的目标是一天写一行，你可以每天多写一行，这样一天天坚持下来，到最后养成的习惯也会得到强化。

第七步，永不提高目标。不要觉得自己现在已经可以每天稳定地写出50行代码就盲目提高目标。不信你试试，不出几天，你在做任务前又会出现“想想就害怕”的情绪。永不提高目标，就是为了防止自己在已经适应的情况下再被目标吓到退缩。

03<<

第三种力量——环境

不同的环境存在大量不同的触发。“吃货”经常怂恿你和他或她一起点奶茶；终身学习者会邀你共读一本书；有健身达人在身边，会让你不时产生锻炼的冲动。

利用好环境的力量，一共有三种策略：

策略一，远离诱惑环境。只要你的桌上看得见的地方有食物，就总会被你吃掉；只要你的手机里有一个游戏APP，你总会打开它；身处一个天天死气沉沉的办公室，你迟早会丧失工作的斗志。所以，要么和周围人一起消沉，要么“走为上”，找一个能够让你拼一拼的工作。

是的，“出淤泥而不染”之所以为人所称颂，正是由于这种现象的稀缺性。

策略二，融入积极环境。人的本性就是趋乐避苦的，这决定了积极向上的人和环境总是少数。如果你的理性认准了自己要走一条少有人走的路，就去找这样一些学习型组织，然后加入他们的社群组织中。

大量的环境触发会让你远离上瘾行为，把更多的时间和精力投到对自己真正有重大意义的事情中去。

策略三，构建自创环境。如果上面这种环境暂时没有找到，也没有关系，因为我们可以自己创造这种稀缺的环境。通过创造环境，我们可以吸引更多的有共同志向的伙伴，彼此鼓励，互相帮扶，成为彼此的触发环境。

04<<

第四种力量——工具

工具是我们自建小环境必不可少的重要力量，通过有章法、可习得的范式，你可以把“这枚番茄”和“这只大象”用得如臂使指，让它们成为你的左膀右臂。

第一种工具——番茄工作法

番茄工作法分为25分钟和5分钟两个部分，第一部分的25分钟用来专心致志工作；第二部分的5分钟则是全情投入的休息。

这种工作法一共分为五个步骤：

步骤一，计划。准备好三个清单：所有待办清单、今日任务清单和当下任务清单。

步骤二，执行。在25分钟阶段处理好“内部打断”和“外部打断”，必要时做好记录；5分钟阶段多走动，多聊天或者冥想。

步骤三，记录。除了记录被打断的次数，分析被打断的原因外，还要记录完成番茄钟的次数，给自己成就感。

步骤四，处理。处理25分钟阶段时被打断后产生的事项，研究一下有哪些好办法可以防止自己被打断。

步骤五，复盘。回顾以上四个步骤的处理情况，思考如何在下一次做得更好。

第二种工具——印象笔记

印象笔记最大的好处是移动端与PC端的数据能够打通，这让你可以随时随地做记录。利用印象笔记做任务管理可以分为三个部分：

最上方，年度任务：这是让你每次打开都能最先对你形成触发的最重要目标，让你“不忘初心，方得始终”。

中间部分，中期项目：中期项目可能会持续几个月，可以不时地提醒自己去做这件事。

中间以下，周任务：以一周时间为跨度去完成任务，让自己每周都能顺利完成大部分任务，产生成就感，对大脑进行奖励，让“触发-行动-奖励”模型一直循环。

05<<

清醒思考

摆脱行为上瘾有习惯、微习惯、环境和工具这四种方法，四种方法多管齐下，从宏观到微观，让你逐步养成新习惯，持续精进，直至成为更好的自己。

Part 9

夺回主动权：

让自己对有意义的事“成瘾”

9.1 游戏化学习：利用团队小环境互相激发正向反馈

通过本书的学习，你一定已经理解了什么是行为上瘾，诱发行为上瘾的六大原理，以及摆脱行为上瘾的四大工具。

然而，正如硬币有正反两面，行为上瘾同样也有正反两面。我们要学会将行为上瘾的正面效应为我们所用，把它们运用在一些具体的场景中，从而令我们的生活和工作变得更美好、更高效。

在接下来的内容中，我们需要思考这些问题：

什么是游戏化思维式的学习?

为什么学习还能赚钱?

怎样在一个中长期学习营中既能收获知识，又能收获友谊?

01<<

学海无涯苦作舟。因为“苦”，所以“学习”，这其实是一件很反人性的事情。

随着互联网的发展，知识付费类节目已经成为很多人工作之余学习的重要工具。虽然这让我们在碎片时间内也能高效学习，而且在很大程度上降低了我们学习的难度，但正如我们在前面所说的，这样学到的知识的留存率是非常低的，只有5%左右。

那么，我们要如何提高知识留存率呢？其实不难，我们只需要静下心来，用游戏化的方法来学习。

如果你之前认真阅读，一定记得我们前面讲的PBL的游戏化思维方法。由于之前我已经用了较大的篇幅详细描述PBL，因此在这里只做简单回顾。

PBL中，P就是Point积分；B为Badge徽章；L则是Ladder排行榜。

通过这种有积分、有荣誉、有排行和贯穿PK的方式，就能形成一个有生命力的、好玩的学习组织。所有有意愿但没耐心，觉得学习苦的人都可以加入进来。

当大家都加入这个学习组织后，就能形成一种团队学习的小环境，通过这种小环境能够引起大量触发，促使所有同学行动。而积分、徽章以及排行榜等所营造的成就感和奖励，就会形成我们反复强调的“触发—行动—奖励”回路。

02<<

你可能觉得，这种游戏化的学习方式的确很好玩，但似乎离自己很远。事实上，市场上已经有很多很成功的类似的学习群。

参加学习的学员只需要交一笔很少的押金，比如20元，就能参与其中。20元中的15元会变成奖金池，用来奖励认真学习的小伙伴，另外剩下的5元则是运营该群群主的辛苦费。

在这场游戏化的学习中，只要你每天认认真真学习群里指定的书，输出50字以上的读书笔记，你就完成了当天的打卡任务，就能获得10个积分。学习群里会有专门的记录委员来记录每个人的完成情况和积分情况，每天都会更新排行榜。

当21天的学习周期结束后，奖金池里的钱就会平分给完整坚持每天学习打卡的学员。比如，总共参加学习游戏的一共100人，那么奖金池里的总奖金就是100乘以15等于1500元，而最终完成学习的如果是50人，那么每个人就相当于投入20元，最后收获1500除以50，也就是30元。投入少，产出多，而且还能真正学到东西，这样的环境谁不爱？

不过你可能会说：如果每次我都坚持不了，难道就只能眼睁睁地看着自己的钱白白扔在水里吗？那这种游戏谁还会来参加啊？是的，你可能第一次的确是把钱扔水里了，但第一次挑战失败的人通常都能在第二次或者第三次挑战成功。为了养成一个良好的学习习惯，几十元的学费又算什么呢？

03<<

刚才我讲的还只是非常原始的学习社群的玩法，事实上，现在市场上已经出现了不少通过工具高效实现PBL游戏化学习的公众号、小程序。

比如，“知识圈”APP就是聚集这类学习组织的一个集散地。这个公众号内嵌了整套PBL思想，组织者只需要将准备好的图文素材上传其中，就能募集到与自己学习目标一致的伙伴。它采用的也是积分打卡的形式，只要交押金就能参与学习，在线提交学习笔记或者思维导图即可完成打卡。

但知识圈还对积分体系做了进一步的调整，比如，连续打卡的第七天会额外增加30分，累计打卡10天可以获得20分。

同时，知识圈还充分考虑了社交元素，并且对此做出积分激励。比如，学员之间对彼此的作业点赞加1积分；评论作业加2积分；分享打卡到微信群加2积分；还有老师（圈主）点评加5积分……当然这些行为单日的积分奖励都是有上限的。

排行榜的部分会呈现三个榜单，分别是总排行榜、上周排行榜和本周排行榜。学员能够实时看到自己的积分排名。这种排名既是对头部学员的精神奖励，又是对其他学员的触发，激励他们认真学习，然后竞相来打卡。

04<<

以上还只是短期学习营的做法，中长期营还有进阶版。这种进阶版会让学员们分班学习，然后选出班长、学习委员和关系委员。

班长负责每周召集1次班会，学习委员负责每日督学触发，关系委员则安排收集每位学员的行业、职业、成就、期望和可以提供的资源等情况，让学员真正的在学习中链接人际资源。

在中长期学习营中，通常还会安排期中演讲比赛和写期末毕业论文。演讲和论文的内容都是学员利用教材里的核心观点结合自己的经验、经历写成的。凡是参与演讲比赛、写毕业论文的学员，都能获得额度相对较高的积分。

事实上，在有了班级概念后，PK就不在个人间进行了。比如，一期中长期学习营分为3个班，个人积分成绩的总和就记为3个班各自的集体成绩。当一期学习结束后，统计班与班之间的总成绩，成绩最高的班级全体成员就能瓜分奖金池里的全部奖金。

学员们通过写作业、演讲、写毕业论文的方式，真正地把一门技能学透学精，在掌握本领的同时还能获得奖学金，获得人际资源。这种游戏化学习，是不是让人欲罢不能？

05<<

你收获的新知

游戏化学习是通过PBL，充分地启动“触发—行动—奖励”这一回路，调动每个个体的积极性，让你在游戏的氛围中学习本领，同时还有可能收获物质奖励和人际资源等，可谓一举多得。

9.2 游戏化工作：用鼓励进步的行为积分系统促发积极性

游戏化思维在工作领域有没有成功案例？

PBL 游戏化思维与传统“胡萝卜加大棒”的管理方式相比，优势是什么？

PBL 游戏化思维在使用过程中有没有需要避开的“坑”？

01<<

很多人在刚毕业时意气风发，充满干劲，但工作没几年就会感觉度日如年。这时候，工作仿佛变成了服劳役，每天不得不被迫起床，前往公司，做着令人厌倦的重复性机械工作。

是的，人类的天性就是趋乐避苦的，很多人会有这种焦虑。人们通常会在工作3~5年后出现首次职业倦怠。而且，这种职业倦怠出现后，大多数人就渐渐丧失自己的远大目标和志向。他们也会经常去看看招聘网站上的招聘信息，收到猎头的电话也会特别兴奋，但往往没有结果。

这是当代职场人士很难过、很沮丧的时期，尤其当自己上有老、下有小的时候，这就是所谓的“中年危机”。这是很多职场人的真实写照，他们会焦虑，会丧失前进与试错的勇气。

现在，这个问题也可以得到解决，解决的办法就是我接下来要讲的——游戏化工作。

02<<

在我们眼中，似乎游戏和工作根本扯不到一起，但游戏人人喜爱，为什么不能和工作结合起来呢？

在美国作家凯文·韦巴赫和丹·亨特合著的《游戏化思维：改变未来商业的新力量》一书中，有一个这样的案例：

LiveOps是呼叫中心的外包服务商利用游戏化思维创造的一个低成本、高品质的虚拟工作平台。一般的呼叫中心我们都能想象：工作空间狭小，工作地点受限，还要不停地忍受客户的各种问题，需要耐着性子不厌其烦地解释很多遍相同的内容。

所以，通常来说，呼叫中心的人员流动率是相对比较高的。

但LiveOps改变了策略，不仅雇佣了2万名兼职人员，让其随时随地想上班就上班，而且还实行游戏化机制。

LiveOps的游戏化机制可以让每个工作人员实时显示自己的工作进度条、销售转化率等，而且还会给完成特定销售任务的工作人员颁发徽章，并在所有人面前表彰Top sales（冠军销售员）。

LiveOps的这套游戏化制度不仅提高了服务评分，减少了客户的等待时间，而且还提高了销售转化率，员工的时薪13~16美元不等。因此，不少人愿意每天分时段地“上线”工作8~10小时。

如此算下来，每个人一天有600~960元人民币的收入，的确还不错。难怪在国外知名求职网站Indeed中，LiveOps的综合评分为3.8分，高于Amazon（亚马逊）的3.6分，仅次于Netflix（网飞）的3.9分。

03<<

在传统的工业时代，管理者们一直奉行“胡萝卜加大棒”的管理原则，但这种陈旧的管理方式有缺点，主要有以下三个：

1. 反馈的回路较长，即时性很差。

2. 荣誉往往只给一些优秀员工，大量参与者没有成就感。

3. 员工的被触发频次很低。

而以上三点恰恰是PBL游戏化思维的长处。与传统的管理方式相比，游戏化思维的优点体现在以下这些方面：

1. 积分会对过程行为进行鼓励，只要产生符合条件的过程行为，就会给予奖励，而且是即时性的。

2. 虚拟的荣誉徽章虽然不是实质性的物质或金钱奖励，但在物质丰富的时代，物质奖励的边际效应已经越来越低，反而精神奖励有不错的效果。这也是为什么会有那么多人热衷于冲榜、冲黄金，获得“王者”称号。

3.排行榜。从年榜到季榜，从月榜到周榜、日榜，这些榜单不仅可以形成早报、午报和晚报，每天形成多次触发，而且这些榜单会实时更新，所以排名在尾部的员工也有机会登榜，这对于他们来说是极强的刺激。

“人们往往因为自己没做什么而后悔，却很少由于做了什么而后悔。”这句金句相信很多人听过，但为什么还是有很多人知而不行呢?

没错，正如知道锻炼好，却不去锻炼；知道读书好，却不去读书一样，都是因为缺乏动力。

而PBL游戏化思维恰恰解决了每一个员工的动力问题，让人在这种充满动力和乐趣的环境下不停地行动。在为企业创造价值的同时积累更多的个人工作成果，在工作中找到更多乐趣。

04<<

不过，值得注意的是，PBL游戏化思维也并非万能。曾经，有一些企业怀着美好的初衷，建设了以鼓励为目标的行为积分系统，并且把这些积分按照不同的工种换算为不一样的单价，期望通过积分与月度奖金的强相关来激励员工产生更多的有效行为。

最后的结果出乎意料，在这种强烈刺激下，头脑灵活的员工想方设法增加自己的积分，但却是以破坏整体利益为代价的，这就导致了意外层出不穷。由于这种异化行为的出现，管理层被弄得焦头烂额，最后只能放弃工作游戏化项目的推进。

其实，PBL游戏化思维的主要目标是为了将有趣的元素融入枯燥无聊的工作步骤中，使员工产生工作的动力，让工作更有趣。但如果工作本身就充满创意，PBL就会显得不合时宜，因为任何人做一件事情都会存在外在和内在两种动机。

外在动机是指通过外部的表扬、奖品、奖金或者荣誉等来激发行为动机；而内在动机则是指活动或行为本身给人带来情绪上的愉悦或者满足。

有一个著名的心理学故事可以说明外在动机对内在动机的影响：

一群孩子每天在空地上踢球打闹，空地旁的心理学家不堪其扰。他反其道而行之，给每个孩子5元钱，请他们每天来玩。第二天，5元变成了3元，第三天3元变成了1元……

孩子们看到钱越来越少，就失去了来空地“陪他玩”的兴趣，纷纷表示“这点钱，不如回家看电视”。这就是著名的“阿伦森效应”（指随着奖励的减少，态度也逐渐消极）。

你可能会问：这和PBL游戏化机制有什么关系呢？是的，PBL就是一种外在动机，它的确能激励员工的行为，但在创意工作中，它却会让人逐步丧失创造本身给人带来的乐趣，让人逐渐变得仅仅是为了追求积分、徽章和排行榜而行动、工作，最终让自己流于平庸，成为一个无聊、功利的人。

05<<

你收获的新知

游戏化思维在工作场景中的运用：在一些需要机械劳动和员工本身行动动机不足的工作中，游戏化思维可以起到非常不错的作用，能够让工作从无聊变得有趣，让员工有更强的动力去工作。

但游戏化思维也有一定的局限性。一方面，盲目运用游戏化机制容易促使员工行为异化。另一方面，创意类劳动中，由于“阿伦森效应”的存在，游戏化机制会让人只盯着外在动机，从而使其成为一个功利、无聊和平庸的人。

9.3 游戏化育儿：虚拟奖品和游戏学习平台点燃孩子的学习热情

虚拟代币怎么操作?

怎样利用网络小说的上瘾性来激励孩子完成目标?

学而思和哒哒英语是怎么玩转游戏化教学的?

01<<

育儿不是一件轻松的事情，会有很多让人情绪失控的瞬间。但你的情绪失控，孩子的情绪自然也跟着失控。接下来的情节就大同小异了：该做的事情被哭闹无限推迟；你的压力徒增，没有自己的时间，陷入了更深的焦虑。

我们常常会想，为什么育儿那么难？甚至还会怀疑当初自己到底是怎么长大的。

这些是现在家长几乎每天都会面临的问题。既然游戏化可以解决学习和工作的问题，那么，游戏化是否也能给育儿一条明路呢？

答案显然是肯定的。下面的这三种方法分别适用于不同的场景，能够让你在育儿的路上轻松前进，从此不再做焦虑的家长。

02<<

第一种方法：虚拟代币

俗话说：光脚的不怕穿鞋的。孩子就是那个光脚的，由于他们手上没有谈判筹码，所以他们最擅长的一招就是耍无赖。但是，这招不仅毫无成效，而且还会浪费彼此的时间。因此，我们很有必要给他一些谈判筹码，让孩子坐上谈判桌，双方和平地解决问题。

但是，具体该怎么做呢？

孩子天性爱玩，喜欢玩具，如果他看中了某一款汽车模型或者布娃娃，我们不妨把这件礼物标价为10枚代币，当他完成了一项具体的任务后，就可以在家里的某个地方贴上一张纸，接着标记一个符号，表示孩子获得了一枚代币。

假如孩子表现出不良的行为，比如说晚上不愿早睡，那么我们就可以告诉他这样做的代价是什么。

有预告的惩罚实际是会伤人的。如此这般，小孩的手上就有与你谈判的筹码了，你也就成功地把孩子的思维从耍赖模式切换到了谈判模式，虽然未必次次都能见效，但却已经有较大的概率引导孩子做出良好的动作，遏制孩子身上出现你不愿看到的行为。

无论是成人还是孩子，都讨厌损失，这你现在一定已经很熟悉了。是的，这就是我们在之前反复提到的——损失厌恶。比起收益，人们对损失更敏感。所以，面对损失，孩子自然也一样。与其用奖品来激励孩子不做某事，倒不如用损失代币来预告不配合的后果。

这样的话，孩子会十分珍惜通过自己努力换来的礼物。

03<<

第二种方法：收听奖券

还记得网络小说让人上瘾吗？没错，连孩子都不例外。现在有很多有声书平台，如喜马拉雅，会把优秀的网络小说改编成网络广播剧。这类产品不仅成人喜欢，孩子也很喜欢。

其实，对于家长来说，这反而是好事，因为家长有很大的操作空间。既然孩子喜欢听，我们就可以让孩子在规定时间内完成规定任务，这样就可以获得收听奖券，进而运用“触发—行动—奖励”的回路，让孩子养成好习惯。

比如，你希望孩子能在自己下班回来前做完某一门作业，那么就可以与孩子约定：如果任务完成，就能获得一张收听奖券，用来收听一集他喜欢的网络广播剧。

然后，这张奖券就能在孩子晚上刷牙洗漱的时候，利用一边洗漱一边收听的平行时间来兑现。这样，孩子的时间也没浪费，他也能在兑现奖励强化良好行为的同时吸收更多知识，增加你们的亲子话题，可谓一举多得。

由于收听奖券未必能当天全部消费完毕，所以，在具体的操作过程中，一定要注意收听奖券的可视化。因为如果只是口头约定的话，不仅会让游戏缺乏仪式感，而且还容易产生沟通误区（如孩子说自己有3张券，你却说只有2张券）。

因此，你们很有必要找一本专门的小本子，每拿到一张券就敲一个图章，每消费掉一张则用笔划掉，以示已兑换。

04<<

第三种方法：付费报名一个游戏化学习平台

现在，已经有越来越多的少儿学习平台意识到游戏化的价值，它们开始把孩子的学习成果和积分、徽章以及排名做强相关。

学而思是一家线下少儿学习平台，在每次上课前，学而思的老师们都会让孩子们在各自的ipad上做学前测。学前测的规则是在5分钟里做3道题，公布答案前，老师会在教室前面的大屏幕上显示孩子们的排名。排名前三的是答案全对且速度最快的三位学生，而最下方则会显示满分学霸有哪几位同学。

公布排名和满分学霸是上课刚开始的一个小高潮，不仅孩子们很兴奋，坐在后排的家长看到自己的小孩榜上有名也会很有成就感。

我经常看到有很多家长把排名拍下来，发到朋友圈或发到家族微信群里，炫耀自己的孩子有多了不起。

不仅如此，学而思还会给孩子们发积分卡，可以用来兑换礼品，包括文件夹、充电宝、乐高玩具等，可以说应有尽有。孩子们为了获得积分，在课堂上会积极参与互动，尽可能地去解答各种难题。

哒哒英语APP也是游戏化教学中的高手。除了有和其他游戏化平台类似的营销手段外，孩子参加付费英语课、免费公开课都能获得金币。如果小孩一个人练习单词的发音，也可以得金币。

有一次，我在客厅沙发上休息，突然听到儿子在书房里念英语单词，虽然初期念出的发音很是滑稽，但这小家伙居然毫不气馁，同一个单词念了好几分钟，这让我大为惊讶。后来，我发现了他的秘密，原来他是在那儿卖力赚金币呢。

那年圣诞节，儿子用在哒哒英语APP上攒的金币给妈妈兑换了一支DIOR口红，这让平时严厉的妈妈感动了整整一个礼拜。

05<<

你收获的新知

游戏化育儿的三种方法分别是：

虚拟代币法：通过给予孩子虚拟代币奖励的方式把孩子拉上谈判桌，控制孩子的行为。

收听奖券法：利用有声网络小说的上瘾性，引导孩子完成规定的任务，在培养他们良好习惯的同时，把他们的碎片时间充分利用起来，增加亲子话题。

付费报名游戏化学习平台：通过成熟的游戏化机制，让孩子从“要我学”到“我要学”，充分调动孩子的学习动机。

如果你的家里有一个不省心、让你头痛抓狂的熊孩子，不妨试试上述游戏化育儿方法，让你育儿更轻松、更有效。

好了，到这里为止，整本书的内容就已经讲完了，接下来就是文末的彩蛋部分。

下一小节是一个后记，主要介绍了我写这本书时参考的有关书籍和知识付费专辑。

后记

在我完成了《图解·营销心理学》和《图解·博弈心理学》这两本书后，我一直在思考一个问题：我的第三本书到底是什么？这一思考就是两年多的时间。

最后，我终于想明白了，我想为读者呈现的是一本能够在这个"刷屏时代"帮助其清醒思考、改变习惯、实现个人成长的书。

在这期间，我阅读和收听了大约上百本书籍和知识付费专辑，我希望这些我要写给你的内容都是自己实操过、思考过，并且切实有效的内容。所以，接下来我会把对这本书很有意义，并且在我实际使用后的确对我产生过重大影响的参考书和专辑罗列给你。

01<<

关于上瘾背后的心理学原理

《思考，快与慢》《影响力》《每个人的商学院》《爆款文案》

《思考，快与慢》是诺贝尔奖得主丹尼尔·卡尼曼的著作。我很早之前就读这本书，可以说，它开启了我对世界的崭新认知。

我仍然记得自己当时的感受，当第一次知道大脑的运行模式会引发直觉缺陷时，我的内心十分震撼——原来这个世界上有那么多事情都是反直觉的，这种感觉就好像人们第一次拿到一部智能手机一样。

从这本书开始，我一发不可收拾，致力于探索心理学原理和“眼见为实”背后的秘密。

《影响力》这本书的作者是大名鼎鼎的说服力大师罗伯特·西奥迪尼。拿到这本书时，我翻来覆去看了很多遍，每一次都有不同的启发。他的“六大影响力武器”理论对我可说是影响深远。之所以如此有效，是因为人们的心理世界存在着一些一触即发的“开关”，而一旦我们知道了这些开关是什么、如何起效，那么这些开关的作用就会急剧降低。

《每个人的商学院》这套书源于刘润的知识付费专辑《5分钟商学院·基础》和《5分钟商学院·实战》，后者的总销售额超过7000万元。

刘润老师的这套专辑实时更新，里面那些心理学方面的案例也都是当下前沿、新鲜的内容，满满都是干货，具有很高的知识浓度。除此之外，里面的内容还特别贴近我们的生活，读起来很亲切，阅读感很强。

《爆款文案》是关键明创作的一本文案写作实操书，其中讲了很多文案写作的方法。这本书在很短的时间里便火起来，成为风靡一时的畅销书，也是我很多圈内同学的案头必备书籍。从关老师身上，我学到了系统化的文案写作范式。

02<<

关于上瘾

《欲罢不能》《上瘾》《疯狂成瘾者》

《欲罢不能》的作者是普林斯顿大学心理学博士、纽约大学商学院副教授亚当·奥尔特，他曾被评为“全世界40位杰出的40岁以下商学院教授”。可以说，《欲罢不能》是探究“行为上瘾”的奠基之作，我在写作本书时深受该书的启发。

《上瘾》的两位作者分别是尼尔·埃亚尔和瑞安·胡佛。事实上，《上瘾》是一本专注于拆解互联网产品如何让人上瘾的指南，书中列出的每一步都是在分析了大量互联网成功爆款产品后拆解、总结出的精华。

《疯狂成瘾者》的作者马克·刘易斯颇具传奇色彩，因为这位加拿大心理学家和神经科学家曾经就是一名“瘾君子”，从高中开始就吸食大麻，和毒品进行了数十年的斗争。可以说，这本书是刘易斯本人的一场自我救赎的再次演绎，内容几乎都是干货。

03<<

关于认识和摆脱上瘾的那些心法和技法

《自控力》《心流》《刻意练习》《习惯的力量》《微习惯》《番茄工作法》

《自控力》：很多人觉得，上瘾是没有意志力的人的失控行为，但来自斯坦福大学的健康心理学家凯利·麦格尼格尔却告诉你，意志力恰恰是最靠不住的，所有期望用意志力来摆脱上瘾的想法都是缘木求鱼。只有知道了为什么意志力会失败，才能真正学会自控。

《心流》是心理学家米哈里·契克森米哈赖的成名作。由于《心流》解释了那种难度和自身技巧水平都刚刚好的地带，能给人带来十分愉悦的感觉，所以就有人拿作者米哈里的名字开玩笑，认为“Csikszentmihalyi”（契克森米哈赖）应该是“chicken send me high”（小鸡让我嗨）。不过，玩笑归玩笑，在这本书中，人类首次如此科学和严谨地把“物我两忘”的状态描述得如此透彻而合理。

《刻意练习》的作者是著名心理学家安德斯·艾利克森和罗伯特·普尔，这本书的内容不仅比“一万小时定律”更合理，而且还有具体的步骤，能够教会每一个渴望成为某一领域行家的人如何使用“3个F法”，如何成为一个厉害的人。

《习惯的力量》《微习惯》和《番茄工作法》这三本书都是摆脱上瘾的有效指导书，它们的内容在本书中有详细的描述，这里就不再赘述了。

关于让人上瘾的互联网产品和范式

《浪潮式发售》《流量池》《增长黑客》《小群效应》《游戏化思维》

《浪潮式发售》的作者杰夫·沃克被誉为“创意型电商大师”，

是亚马逊创始人贝佐斯的创业教练。在《浪潮式发售》一书中，沃克结合了西奥迪尼《影响力》一书中的相关理论，独创出一套适合中西方的浪潮式发售的序列。《爆款文案》的作者关键明就曾经使用这套让人上瘾的浪潮式发售模式，把129个定价为799元的在线训练营产品席位在39秒内发售一空，其威力和可复制性可见一斑。

《流量池》是瑞幸咖啡（luckin coffee）营销操盘人杨飞的著作，瑞幸咖啡的高速增长可谓《流量池》一书所述理论的营销实践，书中的内容无论是品牌符号强化还是拉新裂变，都让人印象深刻，堪称生产让人上瘾的互联网产品和模式的教科书。

《增长黑客》的作者是“WiFi万能钥匙”APP的产品经理范冰。增长黑客的需求源于互联网下半场的矛盾——流量越来越贵和互联网产品强烈需求持续增长。而AARRR增长黑客模型显然是这个矛盾的解药。

《小群效应》中有很多是作者徐志斌对社群的独到见解，著名的“三近一反”理论（地域相近、兴趣相近、年龄相近、性别相反）就出自这本书。《小群效应》洞悉了微信群里让人上瘾的隐形力量，讲清楚了身在其中者自己也说不清、道不明的用户行为习惯和运营规律。

《游戏化思维》这本书其实还有一个副标题——改变未来商业的新力量，作者是沃顿商学院的副教授凯文·韦巴赫和丹·亨特。我经常提及的“PBL游戏化”概念就出自这本书。游戏化思维让用户乐在其中，具有席卷全球的必然趋势。

其他

《斗罗大陆》《斗破苍穹》《罗辑思维》

《斗罗大陆》是唐家三少最著名的一个IP。我读唐家三少的作品可以说已经十年有余，他的书几乎陪伴了我不同的阶段。现在，我正在和儿子一起读《斗罗大陆2》，书中对战斗场面和斗争对手的描写让人欲罢不能。

《斗破苍穹》的作者是天蚕土豆，他特别擅长描写“升级打怪”的故事。这本书里面有九个不同的等级，加上“异火”的元素和一众女子的爱恨情仇，可以说是国内研究行为上瘾的典型范本。

《罗辑思维》——每个人都有觉醒的时刻，我的觉醒就是从在喜马拉雅上听《罗辑思维》开始的。我认为自己是《罗辑思维》的上瘾者，从2013年首次听到罗胖的知识脱口秀，到现在自己成为知识行业的服务者，这种“上瘾”带给我的是人生的蜕变。

Time to say good bye

后记的内容既是一篇类似于“参考文献”的附录，又是我这一路走来对这些书籍、专辑的一个回顾。

这本书已经接近尾声，我也不打算继续使用蔡格尼克效应让你对“下一小节”的内容产生兴趣。当然，你可以关注我的公众号“三米河”和我做更深入的讨论。

最后，我想用《三体》的作者刘慈欣说过的一句话来结束本书：

离开享乐的温床，把我们的眼睛从各种屏幕上抬起来。

人类的目标应该是广阔的宇宙，而不是眼前的虚拟世界。